Début d'une série de documents en couleur

Illisibilité partielle

RELIURE SERREE
Absence de marges
intérieures

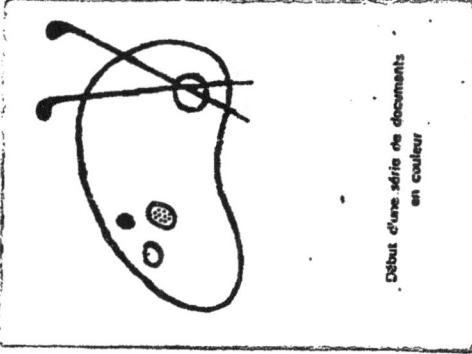

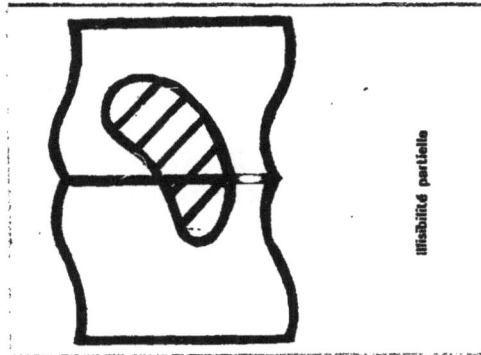

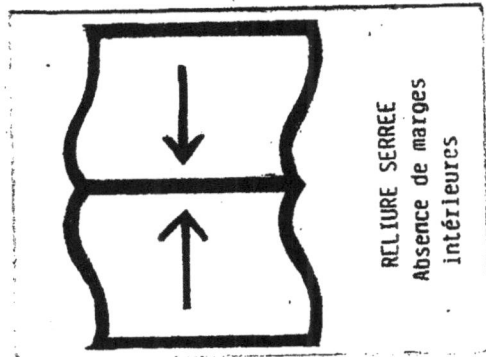

VALABLE POUR TOUT OU PARTIE DU
DOCUMENT REPRODUIT

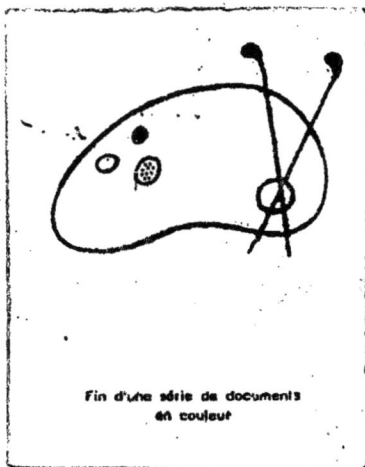

Fin d'une série de documents
en couleur

ANALYSE RAISONNÉE

DE LA

RELIGION UNIVERSELLE.

ANALYSE RAISONNÉE

DE

L'ORIGINE DE TOUS LES CULTES,

OU

RELIGION UNIVERSELLE ;

Ouvrage publié en l'an III , par DUPUIS,
Citoyen français.

~~~~~~~~~

A PARIS,

Chez Courcier , Imprimeur - Libraire , Quai des
Augustins , N° 71.

An XII. = 1804.

DISCOURS

PRÉLIMINAIRE.

A peine débarrassé des études spéciales qu'exigeait impérieusement de moi la nécessité d'avoir un état, et de savoir en remplir les fonctions, j'ai vivement desiré d'acquérir quelques notions de ces connaissances générales qui, sans appartenir particulièrement à aucune des différentes professions de la société, sont nécessaires dans toutes, et constituent l'homme honnête et sensé. Ce sont, je crois, les différentes branches de ces connaissances qu'on doit appeler *sciences morales* et *sociales* ; car je n'aime point ce nom vague de philosophie ou amour de la sagesse, sous lequel on veut les comprendre toutes. Il semble, par cette dénomination, que pour arriver à la sagesse, il suffit de

A

l'aimer , et qu'il n'est pas nécessaire de
l'apprendre ; que c'est purement une
affaire de sentiment et non d'instruction.
Cependant, à consulter l'étymologie
sagesse c'est *science* , et *sapere* (être
sage) c'est savoir ; et pour suivre la
sagesse, ou, ce qui est la même chose,
la raison , et obéir à ses conseils dans
toutes les circonstances de la vie , il faut
connaître ce qu'elle conseille. Or ces
décisions de la raison dans chaque occasion déterminée , sont des vérités auxquelles on arrive de déductions en déductions, comme à toutes les autres vérités des sciences physiques et naturelles.
Il ne s'agit que de partir de la connaissance de l'homme physique et intellectuel, de ses besoins, et de ses moyens. L'ensemble de ces vérités constitue donc différentes sciences ; et elles me paraissent ,
je le répète, mieux nommées sciences
morales et sociales que philosophie.

Quoi qu'il en soit , c'est cette masse

de connaissances qui m'a inspiré la curiosité la plus vive, dès que j'ai eu le loisir de réfléchir, et le temps de me livrer à quelques occupations qui ne fussent pas commandées et obligées. Je suis même très-surpris que tout jeune homme entrant dans le monde, n'éprouve pas le même mouvement ; car, pour peu qu'il soit capable d'un instant de réflexion, il doit être singulièrement étonné de tout ce qu'il voit. Il doit se sentir à tous momens entouré d'effets sans causes, du moins sans causes connues pour lui. Quoiqu'il ait été élevé au milieu de la société, et par conséquent familiarisé un peu avec ses résultats, à l'instant où il commence à en faire partie, et à en être un membre actif; l'existence du genre humain dans le pays où il vit, sa différence avec cette même existence dans d'autres temps et dans d'autres lieux, la marche de la société, la multiplicité et la variété des intérêts, des affections, des affaires, des relations, des connaissances, des opinions, des travaux qui unissent, divisent, partagent, différencient les individus vivant sur le même sol; qui font qu'alternativement ils sont froissés et secourus les uns par les autres, et qu'aucun d'eux ne peut souffrir sans que tous s'en ressentent plus ou moins directement ; tout cela doit lui paraître singulièrement extraordinaire. Le seul aspect des travaux humains, accumulés en silence par le bénéfice des siècles et de l'économie, qui font que les rivières ont un cours uniforme et réglé, que les marais sont desséchés, les montagnes devenues accessibles, les forêts aménagées, les plaines défrichées, cultivées, et parsemées d'habitations dont la construction subite exigerait le travail d'une population centuple de celle que le sol pourrait nourrir, et telle que rien ne pourrait la solder ; qui font enfin que tout, jusqu'à l'air que nous respirons, est tellement modifié et approprié aux besoins de l'homme, que l'on ne voit rien nulle part qui soit, dans son état primitif, et que pour découvrir quelques traces de la nature vierge et marâtre, il faut s'enfoncer dans les déserts les plus sauvages, ce seul aspect, dis-je, doit le ravir en extase et lui arracher des larmes d'admiration.

S'il observe un moment les individus en détail, il doit être étrangement étonné de la différence de mœurs, de caractères, de sentimens, d'idées, de connaissances, de goûts, de besoins même qui les distingue et les rend si dissemblables entr'eux, qu'ils paraissent des animaux d'espèces étrangères les unes aux autres. Ce qui passionne l'un, un autre ne comprend pas même qu'on en puisse être affecté. Ce qui ferait mourir de chagrin celui-ci, est l'état habituel de celui-là qui ne s'en plaint pas; et peut-être le plus dénué ne pourrait-il pas, à beaucoup d'égards, supporter l'existence de celui qui a le plus de moyens et les emploie le mieux. Que de sujets de réflexions pour un débutant sur le grand théâtre de la vie !

Si, au contraire, il embrasse d'un coup-d'œil la masse de l'édifice social, combien doivent lui paraître inexplicables ces causes secrètes, et ces effets inaperçus, qui font que souvent la volonté de plusieurs millions d'hommes est nécessairement et forcément soumise à celle d'un seul d'entr'eux, et qu'ils sont contraints, au moins pour un temps, de lui obéir, quoiqu'elle soit presque unanimement odieuse ! Combien il doit paraître bizarre que les actionnaires des grandes sociétés appelées *nations*, n'aient presque jamais pu parvenir à se donner une agence, c'est-à-dire, un gouvernement qui conduise leurs affaires à leur gré et pour leur bien, qu'ils en

soient même venus presque partout au
point de croire que ces délégués n'y sont
point obligés, de se persuader qu'eux,
les commettans, ils sont la propriété de
leurs mandataires, et de méconnaître
que, si quelqu'un leur commande, ce
ne peut jamais être qu'en vertu de l'ordre tacite ou exprès qu'eux-mêmes lui
ont donné de les diriger. Assurément,
ce sont-là des phénomènes assez frappans
et assez curieux, pour éveiller et fixer
l'attention, et pour faire desirer de voir
le monde comme il va, et de découvrir
pourquoi il va ainsi.

Au reste, je ne rends compte que
des impressions que j'ai reçues, et non
de celles des autres. Que le merveilleux
de ce vaste spectacle ait fixé plus ou
moins souvent les regards de ceux qui
commencent à en jouir, ou qu'ils l'aient
vu sans s'en apercevoir, toujours est-il
certain qu'à mon début mes yeux en
ont été éblouis, ma tête étonnée, et

4

que j'ai été effrayé de son immensité.
Je me suis senti entraîné par un mouvement moral et intellectuel , aussi
violent et aussi rapide que le mouvement physique qui emporte le globe
dans l'espace, et auquel je prenais également part sans le vouloir et sans m'en
apercevoir. Desirant le connaître et en
déterminer les lois et les effets , et ne
pouvant espérer de me transporter dans
un point d'où je puisse l'observer sans
le partager , j'ai pris le parti de m'en
regarder comme le centre. J'ai remarqué que tout ce qui s'agite autour de
moi , ne peut jamais me frapper que
par mes organes, et m'affecter que par
mes facultés intellectuelles ; et j'ai commencé par étudier mon propre individu.
J'ai bientôt observé que les autres êtres
de l'espèce humaine , et même tous les
êtres sensibles, étaient exactement dans
le même cas que moi , et qu'ils avaient
chacun leurs facultés de sentir, de vouloir

et d'agir en conséquence , qui en font autant de petites puissances actives dans l'univers ; et j'ai tout de suite reconnu que tout ce qui existe dans le monde moral devait être l'effet de l'action et de la réaction perpétuelle de toutes ces puissances les unes sur les autres, tantôt en s'aidant, tantôt en se croisant , et de leurs travaux continus sur tous les autres êtres de la nature, en profitant des lois physiques et immuables qui les régissent.

Alors j'ai eu un fil pour me conduire dans cet immense labyrinthe ; et revenu de mon premier étonnement , j'ai pu avec sécurité suivre méthodiquement et progressivement la marche des actions et des opinions des hommes , de leurs progrès et de leurs écarts , de leurs lumières et de leurs erreurs ; j'y ai eu d'autant plus de facilité, qu'il y a deux périodes dans la vie , pendant lesquelles on peut surtout s'occuper de connaissances purement spéculatives et sans application

immédiate. L'une est le temps de la
première éducation, où l'on apprend
principalement à lire, à écrire, à parler
une ou plusieurs langues, à raisonner
et enfin à étudier et à apprendre quoi
que ce soit. C'est dans cette période que,
si l'on a été bien élevé (mais qui est-ce
qui a jamais été bien élevé)? on a
appris nécessairement les premiers élémens de toutes les sciences morales et
sociales, et que l'on s'est fait des idées
saines, quoique peu approfondies, des
bases sur lesquelles elles reposent.

La seconde période est le temps qui
suit immédiatement la fin de l'éducation, et où, n'ayant pas encore des devoirs bien importans à remplir dans l'état
que l'on a embrassé, l'on peut se livrer,
sans scrupule, à ses méditations et aux
recherches vers lesquelles notre goût
nous entraîne. Or j'étais précisément
dans celle-là; et je me mis à considérer
mes semblables de tous les temps et de

tous les pays, et à rechercher les causes des phénomènes les plus importans qu'ils offrent à l'œil de l'observateur.

Le premier qui dut me frapper, fut cette multiplicité prodigieuse de cultes différens, tous en horreur les uns aux autres, et par lesquels leurs divers sectateurs croient tous rendre un digne hommage à l'Être suprême et invisible, duquel ils imaginent que dépend leur destinée, et qu'ils se figurent continuellement occupé de leur bien-être, et incessamment attentif à leurs desirs et à leurs prières.

Je m'aperçus bien vîte que, quoique ces cultes élèvent des murs de séparation entre les masses d'hommes qui suivent chacun d'eux, ils ont tous une base commune; et que, malgré qu'ils soient incessamment une cause perpétuelle et continuelle de scissions, de haines et de malédictions réciproques, ils sont tous fondés sur la même idée, la crainte des

puissances invisibles. Saint-Lambert dit
avec raison : *la superstition est la crainte
des puissances invisibles.* C'est ainsi qu'il
la définit ; il aurait pu ajouter : *et elle
est la source de toutes les religions.*

En effet, l'homme sent qu'aucun effet
ne peut avoir lieu sans que quelque chose
le produise : il veut trouver la cause de
tout ce qu'il voit arriver ; et plus il est
ignorant, plus il est téméraire dans la
détermination de ces causes. En commençant à observer la nature, l'homme
grossier voit bientôt que tout corps en
mouvement qui en rencontre un autre,
lui communique de son mouvement.
Il s'accoutume à ce phénomène tout
étonnant qu'il est ; et toutes les fois qu'un
corps est mu par le contact immédiat
d'un autre corps, il n'en est plus surpris;
il trouve qu'il y a raison suffisante, et il
s'en tient là (1).

---

(1) L'impulsion n'est réellement pas plus aisée
à comprendre que l'attraction (toutes deux sont

· Mais , quand il voit des corps se

complètement incompréhensibles pour nous); mais
on voit l'action du corps moteur dans l'impulsion ,
et on n'a pas de peine à admettre qu'elle résulte de
cette action , au lieu que dans l'attraction , l'action
du corps moteur est invisible. On a de la peine à
la supposer, on craint de le faire sans nécessité , et
l'on est porté à croire que les effets qui en résultent,
sont le produit de quelqu'impulsion inaperçue, semblable , ou du moins analogue à celle que l'on observe à tous les instans. De-la à soutenir que toute
attraction est impossible , et à poser en principe
universel que rien ne se fait que par impulsion dans
la nature , il n'y a qu'un pas pour les raisonneurs
physiciens et métaphysiciens , tels qu'ils ont été
presque tous jusqu'à il y a deux cents ans,

Aussi , quoique les corps s'attirent peut-être dans
le monde tout autant qu'ils se repoussent , que l'attraction joue dans la nature un aussi grand rôle que
l'impulsion , et que ses effets même y soient plus va-
riés et plus compliqués ; cependant , durant tout le
premier âge de la physique dont nous sortons à
peine , on a dû tout expliquer par l'impulsion et ne
considérer qu'elle : et ce n'est que dans des temps
plus avancés qu'on a pu reconnaître et apprécier
les phénomènes de l'attraction , et lui assigner sa
place et son rang dans l'ordre des choses.

C'est aussi ce qui est arrivé ; car je n'appelle point

mouvoir sans cause apparente et sans y
être forcés par l'application directe d'un
autre corps qui les contraigne à lui céder
la place qu'ils occupent, tels sont les
êtres animés, il suppose tout de suite
qu'il y a en eux un petit être, un petit
corps invisible qui les meut et les dirige
par une impulsion, non pas tout-à-fait
semblable, mais fort analogue à l'impulsion qui frappe les sens; en un mot,
il leur donne une *ame*; car une ame
n'est d'abord dans l'esprit des hommes
qui l'inventent et la supposent, qu'un
petit corps invisible qui meut un corps
visible. La supposition de corps invisibles ne répugne pas du tout aux hommes; parce que tout leur prouve qu'il
y a réellement des corps qui ne se ma-
nifestent pas à leurs yeux, et qui les
affectent par d'autres sens; le vent seul

---

attractions physiques ces vertus ocultes des anciens,
qui n'étaient que des suppositions métaphysiques du
genre de celles dont nous allons parler.

suffit pour les en convaincre. Aussi les premières *ames* inventées par les hommes, telles qu'ils les concevaient avant d'avoir raffiné et subtilisé cette idée, étaient des vents, des souffles, des *pneuma* mouvant un corps à-peu-près comme le vent fait ployer un chêne. *L'esprit souffle où il veut*, dit-on encore.

Après avoir fait ce premier pas pour expliquer le mouvement spontané, ou du moins le mouvement sans impulsion apparente, seule cause connue pour être capable de le produire, les hommes ont remarqué des mouvemens très-frappans dans de grandes masses non organisées, ceux des rivières, des mers, des vents. Ils étaient bien loin de pouvoir seulement soupçonner les causes des mouvemens de l'air et des mers ; ils ne s'apercevaient pas même que le poids de l'eau, ou sa tendance vers le centre de la terre, ou, en d'autres termes, l'attraction du globe, dont ils ne se doutaient

pas, suffisait pour produire le cours des
rivières. D'ailleurs, ils auraient été aussi
embarrassés de la production de l'eau
elle-même pour remplacer celle qui
s'écoule incessamment ; et il y a bien
peu de temps que l'on est parvenu à
découvrir que l'évaporation est suffisante pour fournir à cette consomma-
tion continuelle. Ils avaient imaginé
des petits corps invisibles pour mouvoir
les corps animés visibles. Ils ont imaginé des corps animés invisibles tout
entiers, pour mouvoir ces masses inor-
ganisées, et ils les ont fait complètement
à leur image, au moral et au physique;
car ils leur ont donné non-seulement
des bras, des jambes, une tête, une
bouche, des yeux, etc. mais encore
ils leur ont donné aussi la sensibilité,
la mémoire, le jugement, la volonté,
et en conséquence une foule de desirs,
de goûts, d'habitudes; en un mot, ils
les ont doués de toutes les facultés
intellectuelles,

et par suite de toutes les passions des
hommes (1). Ils ont donc placé à la
source de toutes les rivières et de
toutes les fontaines, des hommes et des
femmes dont tout le plaisir et l'occu-

---

(1) Le mouvement sans cause apparente fait supposer si naturellement sentiment et volonté, que
l'on dirait que les animaux même portent souvent
un jugement semblable. Quand un corps se meut
près d'eux sans qu'ils devinent pourquoi, et que ce
mouvement leur déplaît, on les voit s'irriter contre
ce corps précisément de la même manière qu'ils le
feraient contre un être animé, manière qui est fort
différente de celle dont ils se comportent à l'égard
des corps qu'ils reconnaissent pour inanimés ; et ils
reprennent cette dernière manière dès qu'ils ont
éprouvé que ces corps, quoique se mouvant, sont
insensibles à leurs coups de dents ou de griffes; j'en
ai fait mille fois l'observation sur des chiens. Nous-
mêmes, quand nous voyons passer près de nous
rapidement un corps que nous ne distinguons pas
bien, et qui a des mouvemens irréguliers qui ne
ressemblent point à celui d'un projectile, nous
croyons tout de suite que c'est un petit animal, un
insecte ; le moment d'après, il se trouve que c'est
une feuille, une fleur, un brin de laine que le vent
pousse.

B

pation était de produire ou de rassembler
l'eau, de la faire couler, et de veiller
sur son cours et sur ses rives.

L'Océan a été gouverné et régi par
un pareil être animé, invisible, qui l'ap-
paisait et le soulevait à son gré suivant
ses affections, ses projets et ses volontés,
absolument comme un homme aurait
fait à sa place, et sous l'empire duquel
une infinité d'autres êtres semblables
remplissaient diverses fonctions infé-
rieures.

La cause des vents a été des êtres du
même genre, qui soufflaient incessamment avec leur bouche et qui avaient
chacun leur nom, leur caractère particulier, et jusqu'à des visages différens,
mais tous des figures humaines.

Le soleil qui paraît se mouvoir, et
les planètes qui se meuvent réellement
et continuellement sous nos yeux, sans
aucune cause apparente qui les y force,
ont dû, à plus forte raison, être poussés

et conduits dans leur marche régulière,
par des êtres animés ayant leurs inten-
tions, leurs projets et leurs raisonnemens comme les animaux visibles; et
ceux-là ont dû promptement devenir
les plus considérables et les plus importans de tous, puisque c'est aux appa-
ritions et aux disparutions de leurs
astres, à leur marche constante, à leurs
retours périodiques, que sont liés nos
plus chers intérêts et toutes les choses
qui décident de notre existence, les
jours, les nuits, les saisons, les moissons, etc.

Il est à remarquer qu'on n'a point
imaginé d'abord de donner de semblables gouverneurs aux étoiles fixes (1), on

_____

(1) Leur arrangement en constellations ne tient
point à cette idée. L'origine des figures bizarres
qu'on leur a données, et des noms d'hommes et
d'animaux qu'on y a attachés, sera expliquée dans
le cours de l'Ouvrage dont nous donnons l'analyse;
mais ces noms ne sont point ceux d'êtres supposés
animer et diriger ces étoiles.

a bien donné un maître à la voûte du ciel, qui les entraîne toutes par un mouvement commun. Il fallait bien qu'elle fût poussée par quelqu'un ; mais les étoiles qui n'ont point de mouvement propre au moins sensible, n'avaient pas besoin d'être supposées animées ni régies par des êtres animés : tant il est vrai que c'est ce mouvement sans cause apparente qui a fait imaginer les petits corps légers et invisibles appelés *ames*, et par suite, les *génies* ou ames des êtres inorganisés qui sont devenus des *dieux* ; et ces *ames* et ces *génies* étaient si bien dans l'esprit des hommes de véritables corps subtils, auxquels il ne manquait que la propriété d'être visibles, qu'ils croyaient que souvent par l'effet de certaines circonstances, ou de la volonté de quelqu'être puissant, ils acquéraient cette propriété de devenir *visible*, ce qui n'aurait jamais pu arriver si elle avait été contraire à leur nature,

et s'ils avaient été complètement privés
de toutes les qualités des corps qui con-
courent à la produire.

Après avoir supposé l'existence de
tant d'esprits ou de génies invisibles,
les hommes auront bientôt pensé que
tous ces êtres voulant et agissant avaient
besoin d'un supérieur et d'un régulateur
commun, pour que tout ne fût pas dans
un continuel désordre; que d'ailleurs,
puisque ces êtres existaient, il fallait
bien qu'ils eussent été faits par quelqu'un, ainsi que tous les corps de ce
vaste univers, dont ces esprits animaient
chacun une partie. Alors ils auront imaginé un être suprême antérieur et supérieur à tous les autres, et les ayant
tous créés; et cet être suprême a encore été chez tous les peuples un grand
homme et rien de plus, habituellement
invisible et devenant quelquefois visible, du reste sentant, se ressouvenant,
jugeant, voulant, agissant, se repentant,

3

se réjouissant, aimant, haïssant, et même marchant, se promenant, étendant son bras, retirant sa main, fronçant le sourcil absolument comme nous, en un mot, un être exactement du genre des êtres animés que nous connaissons, à la seule différence près des proportions. Néanmoins, cette imagination d'un être supérieur à tous les autres, renfermant tout dans son immensité, soumettant tout par sa puissance, et ayant tout fait de rien, quoique bien grossièrement conçue, n'a dû être qu'un second pas de l'esprit humain quand il a commencé à étendre ses réflexions ; et je pense fermement avec le président Debrosses, que l'homme brut a songé à donner une ame à la fontaine qui coulait près de lui, au vent qui l'entraînait dans sa direction, à l'astre qui roulait sur sa tête, et même à l'arbre qui, le nourrissant et l'abritant, semblait prendre soin de lui de dessein prémédité, avant de penser à donner une ame unique à ce vaste univers, dont il ne pouvait pas apercevoir l'ensemble, et entre la plupart des parties duquel il ne pouvait pas même supposer de relation.

D'imaginer tous ces génies, ces esprits, ces souffles intelligens, à les adorer il n'y a qu'un pas ; et ce pas était impossible à ne pas faire. En effet, ces êtres sont puissans ; ils nous voient, ils nous entendent ; ils sont sensibles et mobiles comme nous ; nous dépendons d'eux, ils peuvent nous faire beaucoup de bien et beaucoup de mal. Quoi de plus naturel que de leur adresser nos vœux, nos prières et nos hommages! et voilà des cultes établis.

Alors il n'a pu manquer de se produire chez les différens peuples et dans les divers pays, des hommes qui, suivant les circonstances, auront dit et persuadé, ou qu'ils connaissaient des êtres invisibles plus puissans et plus

4

bienfaisans que ceux qu'on adorait, ou qu'ils savaient mieux la manière dont on devait honorer ceux-ci, et le moyen de leur plaire et d'en obtenir de plus grands bienfaits. Voilà les prêtres introduits dans le monde.

Bientôt ils auront prétendu avoir vu et entendu ces êtres invisibles ; ils les auront fait parler, ils auront donné des ordres de leur part, et ils auront régné en leur nom du fond de leur bois sacré ou de leur cabane, sur les hommes crédules du voisinage, sans avoir eux-mêmes ni relations avec les prêtres des autres temples, ni instruction, ni système étendu, ni théologie proprement dite. C'est-là leur première époque, telle que l'antiquité et les peuples sauvages nous la montrent ; et c'est celle peut-être où ils ont fait le moins de mal au monde.

Mais ensuite les nations s'étant accrues et les connaissances multipliées, les

interprètes des dieux ont augmenté le
nombre de leurs préceptes et de leurs
dogmes. Ils ont cessé d'être étrangers
les uns aux autres ; ils ont établi une
hiérarchie entre les objets de leur culte ;
les prêtres de Diane ont reconnu qu'elle
était inférieure à Jupiter ; ils ont créé
des corps de doctrine ; et eux-mêmes
ont fait corporation. Un système théologique et un collége sacerdotal sont
devenus nationaux dans chaque pays
sous diverses formes. Si des dieux étrangers y ont été encore admis depuis ,
c'est en entrant dans ces cadres. Alors
les prêtres sont devenus aussi une partie
intégrante et importante de la consti-
tution de l'Etat ; dont ils ont toujours
embarrassé la marche ainsi que celle
des esprits, quand ils ne sont pas parvenus à subjuguer entièrement l'une et
l'autre.

Enfin , et c'est le suprême degré de
la puissance sacerdotale , les prêtres ont

fait de la religion une science , et une
science qui a opprimé et étouffé toutes
les autres. Ils ont appelé à leur secours
cette mauvaise philosophie, dont l'origine et la manière de procéder datent
des temps d'ignorance et des premiers
faux-pas de l'esprit humain, et qui a pris
les plus grands et les plus funestes développemens chez les nations éclairées
de l'antiquité, et surtout chez les Grecs.
Cette mauvaise manière de philosopher
ou de raisonner est fondée sur l'imagination et non sur l'observation. Elle ne
peut souffrir le doute; elle est très-
hardie en suppositions et en conjectures.
C'est elle qui , dès les premiers temps,
a créé toutes ces *ames* et ces *génies*
dont nous avons parlé pour rendre
compte des effets naturels; et les prêtres
en ont toujours été les plus ardens dé-
fenseurs et les plus zélés propagateurs,
autant par instinct que par système.
Elle néglige l'étude de nos facultés

intellectuelles et celle de l'origine, de la réalité, et de la vérité de nos connaissances. Elle ignore par conséquent le mode de la formation de nos idées, et la vraie composition de nos idées abstraites ; au moyen de quoi elle n'hésite point à soutenir qu'une idée abstraite est un être réel ; et elle est en droit de croire que l'idée concrète d'un être vraiment existant demeure encore quelque chose, même après qu'elle a été successivement dépouillée par l'abstraction de toutes les propriétés qui la composent : de-là les essences, les substances, les formes substantielles, etc.

Avec ce pernicieux instrument, les théologiens (1) ont commencé par spiritualiser absolument les *ames* et les *dieux*, c'est-à-dire, par les dépouiller

---

(1) J'appelle ici théologiens, tous ceux qui ont traité ces matières, ne fussent-ils pas prêtres, parce qu'en effet, ils n'en étaient pas moins théologiens, puisqu'ils enseignaient la science de Dieu.

complètement de toutes les propriétés
qui en fesaient encore des êtres, et qui
rendaient encore leur existence, sinon
prouvée, ou du moins possible à notre
égard. Car nous pouvons bien concevoir un être léger, ténu, diaphane,
invisible même la plupart du temps,
il a encore une solidité, une réalité
quelconque; mais un être qui n'a ni
forme, ni figure, ni étendue quelle
qu'elle soit, est le néant parfait pour
nous (1).

Une fois arrivés là, et prenant cette

(1) Il est bon de remarquer que cette chimère
de l'immortalité des *dieux* et des *ames* est extrê-
mement postérieure à la supposition de l'éternité
des uns, et de l'immortalité des autres, de leur
résurrection, et de leurs peines ou de leurs plai-
sirs dans une autre vie. En effet, l'immatérialité absolue n'est point du tout nécessaire pour tout cela :
car il est tout aussi aisé, et plus aisé de comprendre
et de soutenir la durée indéfinie des corps supposés
inaltérables, que celle d'êtres complètement imaginaires, dont nous ne pouvons pas même concevoir
l'existence d'un seul instant. Aussi, tous ceux qu'on

vision pour principe et pour point de
départ, ils ont pu affirmer de ces êtres
purement imaginaires tout ce qu'ils ont
voulu ; ils ont pu comprendre dans
l'idée qu'il leur a plu de s'en faire, tout
ce qui leur a convenu, sans qu'on pût ni
les arrêter ni les contredire. Car où se
prendre pour nier une chose quelconque d'un être qui n'a point d'existence
à nous connue, et dont on ne peut pas
même concevoir le mode d'existence
qui lui est attribué ? il n'y a pas d'autre
moyen que de nier l'existence de cet
être. Or, quand une fois la défaveur et
la réprobation sont attachées à cette
dénégation, il n'y a plus ni digues, ni
barrières au torrent des assertions (1).

---

appelle les premiers Pères de l'Église chrétienne,
professent-ils la matérialité de l'ame, en croyant son
immortalité.

(1) Il a été aisé de rendre odieuse, et même
périlleuse cette dénégation. On a dit : *sans immatérialité, point d'immortalité et de vie à venir ; et*,

Les prêtres dès-lors ont donc eu libre
carrière ; et ils ont pu, hardiment et sans
gêne, marcher de décisions en décisions,
sans craindre les objections.

Ils ont pu , par exemple , prononcer
audacieusement qu'à ces êtres immatériels, que ni eux, ni personne ne peut
concevoir, appartient la pensée, attendu
qu'ils ne concevaient pas davantage le
phénomène de la pensée , quoiqu'il de-

---

s'il n'y a point d'autre vie que celle-ci, il n'y a
aucun motif pour suivre les principes de la saine
morale. Donc c'est être destructeur de toute vertu ,
que de nier l'immatérialité.

Nous avons vu dans la note précédente, que
la première de ces assertions est fausse ; la seconde
ne l'est pas moins : car il est aisé de prouver que
la morale est bien plus saine et plus pure, et plus
solidement fondée, en lui donnant pour base, le
besoin d'être heureux dans ce monde-ci que nous
connaissons, qu'en lui donnant pour but, le bonheur
dans un autre monde que nous ne connaissons
pas. Ainsi , c'est l'inverse de la conclusion qui est
le vrai : mais peu importe , quand on peut brûler
ou proscrire ceux qui soutiennent la vérité , et seraient capables de la montrer aux autres !

vienne intelligible, jusqu'à un certain point, par l'observation attentive de ses circonstances et de ses résultats, observation à laquelle, à la vérité, ils n'avaient jamais imaginé de se livrer.

Ils en ont bientôt conclu, avec la même témérité, que la pensée était impossible à la matière, malgré que ce n'en soit pas une conséquence nécessaire, et malgré que, comme Locke le leur a dit long-temps après, il soit bien hardi de prononcer que l'auteur de la nature n'eût pas pu, s'il l'eût voulu, rendre une portion de matière susceptible de sensibilité, de jugement et de volonté ; mais Locke a été déclaré athée pour cette timide réflexion ; et il eût été brûlé s'il fût venu plutôt.

Nous voilà donc pleinement dans le monde imaginaire de la pure spiritualité, où la pensée et ses effets sont déclarés par des hommes, être totalement étrangers à la matière, c'est-à-dire, à tout ce qui

est accessible aux moyens de connaître
qu'ont les hommes, et proclamés exclusivement propres aux êtres que ces
mêmes hommes ne peuvent saisir par
aucun point, et qui par conséquent
n'existent pas pour eux.

Si les théologiens avaient été conséquens, en partant de ces données ils
seraient tous arrivés, comme Mallebranche et Berkeley, à soutenir que
nous connaissons certainement que c'est
tout ce qui frappe nos sens et nos organes, en un mot, tout ce qui existe
pour nous et notre corps lui-même,
qui n'a aucune réalité; et que les seuls
êtres vraiment existans sont ces êtres
immatériels qui nous sont complètement inaccessibles; et ils auraient ajouté,
avec Mallebranche, que puisqu'il n'y
a rien de réel dans le monde que les
êtres immatériels et les affections qu'ils
éprouvent, nos ames ne peuvent être
affectées que des affections d'un autre
être

être immatériel ; que par conséquent il
faut que tout ce qui les émeut soit les
pensées de l'ame universelle de *Dieu ;*
qu'ainsi nous ne voyons , n'entendons,
ne goûtons , ne sentons jamais que les
pensées de Dieu ; qu'en un mot , nous
voyons tout en Dieu , *in Deo , vivimus ,
movemur et sumus.*

Ce qu'il y a de singulier, c'est qu'en
admettant cette étrange conclusion, on
se trouve exactement au même point
où d'autres philosophes sont arrivés par
un chemin bien différent. Ceux-ci ont
eu également le tort de risquer pré-
maturément des conjectures pour lesquelles ils n'avaient pas les données suffi-
santes ; mais du moins ils en ont fait de
très-raisonnables ; parce qu'enfin ils se
sont fondés sur quelques observations ,
et non pas uniquement sur des imagi-
nations fantastiques. Bien loin de tout
spiritualiser , ils ont remarqué que la
sensibilité se montre dans les corps toutes

C

les fois qu'ils sont organisés de manière
à pouvoir nous la manifester. Ils en ont
conclu qu'elle existe dans toute la matière, et que là où nous ne la voyons
pas, c'est qu'elle manque de moyens
d'expression. En conséquence, ils ont
pensé que le monde, l'univers, est un
grand être animé et sentant, un grand
animal qui a bien un centre principal
de sensibilité, comme est le cerveau
chez nous, mais dans lequel tous les
êtres animés sont des centres de sensibilité partielle, comme sont en nous
certains organes, certains ganglions, certains plexus de nerfs ; ensorte que nous
sentons bien chacun ce qui nous atteint
directement, mais que l'ame universelle du monde, son centre sensitif,
quelque part qu'il soit, jouit et pâtit
de tout ce qui nous affecte, et réagit
en conséquence ; et que tout ce que
nous voyons est le résultat et l'effet de
ces jouissances et de ces souffrances du
centre unique, ce qui revient bien à-peu-

près à voir tout, à sentir tout dans l'ame universelle du monde, ou du moins dans ses organes, puisqu'on lui reconnaît des organes, ce que ne fait pas Mallebranche. C'est-là, ce me semble, la principale et même la seule différence des deux hypothèses.

Quoi qu'il en soit, peu de théologiens ont été jusqu'à la conclusion de Mallebranche, parce que peu d'hommes ont la tête assez forte pour être pleinement conséquens à leurs principes vrais ou faux, et pour suivre leurs idées absolument jusqu'au bout ; mais ils n'en ont pas moins fait beaucoup de chemin. En donnant un libre développement à leurs deux erreurs favorites, celle de regarder comme un être réel une idée abstraite, et celle de croire qu'il y a encore quelque chose dans l'idée d'un être réel après qu'on l'a dépouillé successivement par l'abstraction de toutes ses propriétés sensibles, en mêlant à

2

ces deux faux principes celui de la pure
spiritualité de certains êtres, qui en est
une émanation, et en fesant de tout
cela de nombreuses applications, ils ont
rencontré et professé une foule d'absurdités révoltantes.

Ils en sont venus jusqu'à admettre
deux natures et deux volontés dans le
même individu, c'est-à-dire, si cela a
un sens quelconque, à admettre deux
êtres animés distincts dans un seul;

Jusqu'à prétendre qu'un être éternel
était réellement né et mort lui-même,
et non pas sous un simulacre quelconque, et que sa mère était véritablement
mère de *Dieu*;

Jusqu'à dire qu'un être inétendu est
présent partout et remplit le monde
par son immensité, c'est-à-dire, qu'un
être qui n'occupe aucune place les occupe toutes, et qu'un être qui n'est
dans aucun lieu est dans tous;

Jusqu'à soutenir qu'un même corps

est réellement présent dans mille endroits à-la-fois ; qu'il est présent tout entier dans un autre corps infiniment plus petit que lui, et tout entier encore dans chaque partie, petite ou grande, de ce même corps, de quelque manière qu'on le rompe....;

Jusqu'à enseigner une trinité de trois personnes ou trois individus distincts et séparés, qui, sans cesser d'être distincts et séparés, ne font qu'une seule personne ou un seul individu;

Enfin, jusqu'à reconnaître et professer la transsubstantiation, c'est-à-dire, dans leur langage, le changement complet, absolu et radical d'un corps dont aucune des propriétés sensibles par lesquelles seules nous pouvons en juger, n'a varié le moins du monde.

Et ils ont ajouté à tout cela mille autres choses de cette force, qu'il a fallu adorer et croire comme des décisions de l'auteur de la nature lui-même,

3

sous peine d'être brûlé toutes les fois qu'ils ont été les plus forts.

Il est vrai que cet excès de délire théologique ne se voit guère que dans la religion chrétienne, et même dans le second âge de cette religion ; car dans le commencement elle était toute en pratiques et en préceptes, et n'avait presque point de dogmes, et surtout ni mystères, ni sacremens. Les autres religions en général exigent que l'on affirme des faits plus ou moins absurdes, que l'on soutienne la nécessité de certaines pratiques plus ou moins ridicules; mais elles ont peu de ces dogmes recherchés, qui sont de véritables *non-sens*, dont l'existence tient à un langage sophistiqué et dépravé dont leurs sectateurs n'ont pas même l'idée. Ce vice, comme nous l'avons remarqué, est presqu'exclusivement propre à la religion chrétienne du second âge; et elle en a été infectée par l'alliance qu'elle a contractée avec la logique subtile et fausse des Grecs. C'est Aristote, sans s'en douter, qui a empoisonné la religion chrétienne de toutes ces chimères obscures qui l'ont tout-à-fait dénaturée; et c'est ce qui m'a fait regarder comme une période très-distincte et très-remarquable dans l'histoire des idées religieuses, le temps où elles sont devenues une science. En effet, c'est dans ce temps que l'empire des prêtres est devenu le plus complet et le plus affreux. Aussi trouvons-nous ailleurs des exemples d'une ignorance plus absolue que dans les siècles que nous appelons avec raison la barbarie du moyen âge de l'Europe; mais nous ne voyons nulle part un égarement de l'esprit qui soit aussi complet, et un abrutissement du bon sens qui soit aussi général, et par suite nous y trouvons les mœurs les plus abominables, les institutions sociales les plus détestables, et la misère la plus horrible

4

et la plus décourageante. Qu'on demande
ensuite de quelle importance peuvent
être la logique et la métaphysique. Ce
n'est guère connaître la nature de l'esprit
humain ni même son histoire, que de
faire une pareille question; cependant
elle se répète encore tous les jours, mais
moins qu'autrefois.

A l'époque de ma vie dont je rends
compte, au moment où je commençai
à réfléchir, l'histoire me montra bien
vîte ce tableau des idées religieuses tel
que je viens de le tracer, et l'accroissement progressif de ce monstrueux édifice, depuis les premiers âges de l'espèce
humaine jusques vers le treizième ou quatorzième siècle de l'ère chrétienne, que
l'on peut regarder comme le moment
de sa plus haute élévation, et comme
celui du commencement de sa décadence, décadence d'abord lente et im-
perceptible comme tous les commen-
cemens, ensuite plus marquée et enfin

tellement rapide, qu'elle le conduira
avant peu à une ruine totale et inévi-
table. En même temps l'étude de nos
facultés intellectuelles me fit voir facilement quelle avait été et dû être la marche
de l'esprit humain dans la construction
et la destruction de ce singulier système.

En effet, le penchant aux suppositions
et aux hypothèses a dû naître avant
l'esprit d'observation et le talent de faire
des expériences; l'esprit de crédulité et
d'enthousiasme a nécessairement précédé celui de doute et de réserve, et
les connaissances nécessaires pour avoir
des opinions motivées. Une mauvaise
philosophie a donc dû précéder partout
la bonne, s'emparer des esprits et régner
sur eux avec force. Une mauvaise logique
n'a pu manquer de s'établir par les mêmes
causes, et de secourir puissamment cette
mauvaise philosophie dont elle émane;
et toutes ces erreurs étant annoncées au
nom de la divinité, par des hommes

dont on était dès long-temps accoutumé à révérer l'habileté et les fonctions, elles ont dû prendre partout un empire prodigieux , et aller impunément de conséquences en conséquences jusqu'aux absurdités les plus énormes. Nous ne devons plus être étonnés de leur toute-puissance et de leur longue durée chez tous les peuples de la terre : nous devons bien plutôt être surpris qu'un moment soit venu où l'on ait pu quelque part secouer un pareil joug et trouver le moyen d'ébranler et de détruire un tel colosse.

Cependant une seule idée a suffi pour opérer ce prodige. Dès l'instant où , sur un point quelconque du globe , on a imaginé de porter l'esprit de doute et d'observation dans une branche quelconque des connaissances humaines, et d'y procéder avec méthode dans la recherche de la vérité , en allant pas à pas du connu à l'inconnu, dès cet instant

dis-je, le coup a été porté. La masse
des vérités a commencé à s'accroître,
celle des erreurs à diminuer ; et toutes
les hypothèses hasardées ont été ébran-
lées. Leur perte sera assurée, quand
par l'emploi de cette bonne méthode
on se sera rendu compte de la marche
et des opérations de nos facultés intellectuelles ; et elle sera consommée,
lorsqu'en partant de ces connaissances,
on aura exposé avec lucidité les caractères de la vérité et de la certitude, et
que ces notions seront devenues vulgaires ; ce qui n'est pas très-éloigné.
Tel est du moins, à ce qu'il m'a paru,
le résultat auquel nous conduisent également l'expérience et la théorie. Car
il est d'observation constante que
quand une vérité paraît, elle trouve
presque toujours la place prise par une
erreur ; mais aussi quand cette vérité
est une fois bien éclaircie et bien cons-
tatée, il est dans la nature de l'esprit

humain de s'en emparer et de ne plus
jamais s'en détacher. Je regardai donc,
et je regarde la théologie comme la
philosophie de l'enfance du genre humain , prête à faire place à celle de son
âge de raison.

Convaincu de cette idée consolante,
je considérai avec moins de douleur
cette multitude de systèmes religieux
différens, qui ont fait tant de mal au
monde, qui ont si souvent fait verser
le sang des hommes, qui les ont partagés en autant de troupes ennemies ,
qui ont empêché entr'eux les communications commerciales et sociales , et
surtout la communication des lumières,
qui les ont rendu les uns pour les autres des objets d'aversion et de malé-
diction, qui leur ont prescrit tant de
devoirs si contraires à leur bonheur et
à la raison, et nommément celui de haïr
et de détester ceux qui ne pensaient
pas comme eux ; et j'eus la curiosité

d'examiner ce que pouvaient avoir de commun toutes ces religions en apparence si opposées. Je voyais bien qu'elles portaient toutes sur la même supposition, celle d'un être suprême sentant et raisonnant à notre manière, et sur une multitude d'autres suppositions différentes entr'elles, mais du même genre. Je voulus savoir comment ces systèmes différens dans leurs détails, avaient pu naître les uns des autres, ou du moins se remplacer, s'il y avait beaucoup de variétés entr'eux, ou si les memes idées ne s'y retrouvaient pas fréquemment sous des formes diverses. Les fables surtout des peuples les plus éclairés de l'antiquité me fesaient de la peine; je leur trouvais souvent trop d'esprit pour n'avoir pas de sens. Je consultai tous les auteurs dont je pus m'aviser; et j'avoue que j'en recueillis peu de fruits. L'excellent Traité du président de Brosses, les savantes et ingénieuses

Recherches de Court-de-Gebelin ne remplissaient pas même encore mon objet, et me laissaient beaucoup à desirer.

Dans ce temps-là (en l'an 3) parut le grand Ouvrage du citoyen Dupuis, sur l'origine de tous les cultes. J'espérais y trouver ce que je cherchais ; et mon attente fut remplie au-delà de mes espérances. Je n'imaginais pas qu'on pût jeter autant de lumières sur des antiquités aussi obscures ; et produire une conviction aussi vive dans des matières où jusqu'alors on n'avait guère été au-delà de la simple probabilité. Je trouvai qu'il prouvait jusqu'à l'évidence , au moins pour les principales religions anciennes et modernes de l'Asie et de l'Europe, que tous ces cultes qui se réprouvent réciproquement avec tant de fureur, sont exactement le même, sans que leurs sectateurs s'en doutent , et qu'il n'y a que quelques noms de changés.

Rien ne pouvait faire plus de peine aux prêtres que la manifestation de cette vérité; car la première de leurs passions est la haine de leurs confrères. Ils sont en cela plus semblables aux charlatans qu'aux larrons. Ceux-ci se gardent entr'eux une fidélité inviolable pour l'intérêt de la sûreté commune, au lieu que le premier soin des autres est de dénigrer leurs voisins, afin de tâcher d'attirer exclusivement la foule; mais dans leurs fureurs les prêtres ont égalé les excès des brigands les plus redoutés.

Pour moi, au contraire, enchanté de l'étonnant succès de ces immenses recherches, et profondément convaincu de leur prodigieuse utilité, je fis une analyse raisonnée de l'Ouvrage du cit. Dupuis; je la montrai même à quelques amis qui me dirigeaient dans mes études. Ils en parurent contens, et m'exhortèrent à la publier, parce qu'ils la

jugèrent propre à exciter la curiosité,
et à vaincre la paresse de beaucoup de
lecteurs qui hésitent à entreprendre la
lecture d'un ouvrage volumineux. Cependant je ne pus me résoudre à me
faire imprimer, même sous le voile de
l'anonyme, parce que trop de personnes
savaient alors que j'étudiais ces matières
avec application; et je ne voulais pas
m'exposer si jeune à des haines si viru-
lentes et si persistantes.

Mais aujourd'hui que, renfermé absolument depuis plusieurs années dans
les devoirs de mon état, je suis devenu
étranger à toutes recherches philosophiques, et qu'aucun de ceux qui s'en
occupent ne songe plus à moi, je crois
pouvoir offrir au public ce petit écrit,
sans que l'on cherche même à lever le
voile qui couvre l'auteur : et en effet,
rien n'est plus indifférent; car il ne s'agit
ni d'un jeune homme qui donne des
espérances, ni d'un homme fait qui
annonce

annonce des prétentions. Toutes les miennes se bornent à donner une idée des précieux travaux du cit. Dupuis, et à lui payer publiquement mon tribut de reconnaissance. Si je peux contribuer à augmenter encore le nombre de ses lecteurs; je crois avoir fait une chose utile ; et mon but sera complètement rempli.

Je donne donc cette Analyse telle que je l'ai faite il y a long-temps ; j'y ai seulement ajouté une notice de l'abrégé que le cit. Dupuis a lui-même donné postérieurement de son grand Ouvrage (en l'an 6). Cet abrégé ne me paraît pas rendre inutile mon travail. Il n'est pas destiné à remplir le même objet. Il présente le sommaire de l'Ouvrage ; telle était l'intention de l'Auteur. Mais moi, je me suis attaché principalement à indiquer sa marche, l'enchaînement de ses idées; la série de ses preuves et la liaison des matières.

D

En un mot, il y a précisément entre
ces deux écrits, la différence qu'il doit
y avoir entre un abrégé et une analyse
raisonnée ; car personne n'ignore que
ce n'est pas la même chose. Il reste à
savoir si j'ai bien exécuté mon projet ;
c'est ce dont le lecteur jugera. Ce qu'il
y a de certain, c'est que j'étais bien
rempli de ces idées quand j'ai essayé
de les retracer.

Fin du Discours préliminaire.

ANALYSE RAISONNÉE

DE L'OUVRAGE INTITULÉ,

ORIGINE DE TOUS LES CULTES;

OU

RELIGION UNIVERSELLE.

Pour bien faire connaître cet important Ouvrage, je crois devoir, avant d'entrer dans les détails, donner une idée générale de l'ensemble et de la disposition des différentes parties, ainsi que de l'abrégé que l'auteur lui-même en a fait trois ans après (en l'an 6), en 1 vol. *in*-8° , qui se trouve chez le même libraire:

La seule inspection de la table des chapitres nous montre que sous ce titre unique, d'*Origine de tous les Cultes* , ou *Religion universelle* , ces douze volumes renferment plusieurs ouvrages tous nécessaires , tous très - intéressans , tous

D 2

intimement liés les uns aux autres et
concourant à l'effet général, mais tous
très-distincts entr'eux, quoique fesant
partie d'un même tout.

Le premier qui se présente est de beaucoup le plus considérable, puisqu'à lui
seul il remplit les six premiers volumes.
Il n'a pas d'autre titre que le titre commun
à tous, et il le mérite ; car il prouve très-
bien l'universalité du culte de la nature,
et l'identité de toutes les religions, qui
ne sont toujours que ce même culte sous
des noms et des emblèmes différens. Cependant il me semble qu'il est plus spé-
cialement encore un *Traité de la Mythologie ancienne*, et je me permettrai de
le désigner sous ce nom, quand j'aurai à
le distinguer des autres ouvrages avec
lesquels il est si étroitement uni.

Il est divisé en quatre livres, dont le
premier contient les preuves que l'on a
toujours méconnu le sens des fables anciennes, parce qu'on n'a pas voulu y voir
uniquement les légendes allégoriques du
culte de la nature ; le second renferme
les notions astronomiques et philosophiques nécessaires pour l'intelligence de ces

fables ; et les deux autres sont remplies
d'applications de la méthode du citoyen
Dupuis, qui toutes prouvent qu'au moyen
des connaissances qu'il donne , et des conséquences qu'il en tire, ces mêmes fables
si incompréhensibles s'expliquent avec la
plus grande facilité et la plus grande
clarté.

Après ce premier Ouvrage vient un
Traité des mystères religieux des anciens
et de leurs initiations. Il est le complé-
ment du précédent , et rend encore plus
évidente la justesse des explications qu'on
y trouve , en montrant le sens philosophique que les anciens adeptes eux-mêmes
donnaient à leurs légendes les plus monstrueuses.

Ce Traité est divisé en trois parties. La
première renferme l'histoire des mystères
religieux et de leur origine ; la seconde ,
l'examen de leurs rapports avec la politique et la morale ; et la troisième l'explication des formes astronomiques et
physiques qui y étaient employées. Il
occupe les vol. 7 et 8.

Ensuite on trouve un *Traité de la re-*
ligion chrétienne, où l'on fait voir qu'elle

D 5

est la doctrine secrète des anciens mystères
présentée sous de nouveaux emblèmes. Il
ne remplit pas tout-à-fait le neuvième
volume, et il y a encore à la fin de ce
volume une *Dissertation sur les grands
cycles* et sur les catastrophes qui les ter-
minaient.

C'est, si l'on veut, un Ouvrage séparé
de celui qui traite de la religion chrétienne. Cependant il en est une dépen-
dance, parce qu'il sert à montrer que la
persuasion où étaient tous les premiers
chrétiens de la prochaine arrivée de la fin
du monde, est une ancienne idée souvent
renouvelée. Cet Ouvrage est le quatrième
de ceux que nous avions à indiquer.

Cette dissertation est suivie d'une *explication de l'Apocalypse*, qui ne laisse
rien à desirer, et qui montre avec évidence, que ce livre est un vrai catéchisme
d'initiés, et que ces mystères chrétiens
sont exactement les mêmes que ceux
de Samothrace et d'Eleusis. Le reste du
dixième volume est occupé par un Mémoire sur l'*origine des constellations*,
lequel est suivi d'un *Traité historique
des signes du zodiaque et des autres*

constellations , de la sphère et de ses parties , qui remplit les onzième et douzième volumes , et termine tout l'Ouvrage dont il fait la septième et dernière partie. Le citoyen Dupuis donne ces deux derniers Traités pour servir de guide à ceux qui voudraient tenter de nouvelles découvertes , et pénétrer le sens d'allégories non encore expliquées.

Pour peu qu'on fasse attention à ces différens titres , on s'apperçoit tout de suite que le plan général est vaste , complet et bien suivi ; pour le voir parfaitement exposé, il suffit de jeter un coup-d'œil sur l'excellente Préface de l'Auteur.

Le même ordre est conservé à très-peu près dans l'abrégé. Il n'est composé que de douze chapitres. Le citoyen Dupuis n'y a fait entrer ni le Mémoire sur l'origine des constellations , ni le Traité de la sphère. Il a supposé connues les idées qu'ils renferment; ou plutôt il les a fondues dans le corps de l'Ouvrage, et il expose, à mesure que l'occasion s'en présente, toutes celles qui sont nécessaires à l'intelligence du sujet qu'il traite.

Entrant donc en matière sans aucun

préambule ; ses deux premiers chapitres
répondent au premier livre du Traité de
la Mythologie ancienne ; le troisième et
le quatrième au second livre ; et les
quatre suivans aux deux derniers livres
du même Ouvrage.

De là, laissant pour un moment le Traité
des mystères des anciens, il passe tout
de suite à l'explication de la théologie
chrétienne. Le chapitre neuvième lui est
consacré tout entier.

Le chapitre dixième renferme une dissertation sur le culte et les opinions religieuses considérées dans leurs rapports
avec les devoirs et les besoins des hommes.
Il répond à la seconde partie du Traité
des mystères, celle qui traite de leurs
relations avec la politique et la morale.

Le chapitre onzième est l'abrégé des
deux autres parties du même Traité des
mystères, et il y renvoie pour les détails.

Et enfin le chapitre douzième traite de
l'Apocalypse, ce livre des initiés aux
mystères de l'Agneau céleste, dont la complète explication est la preuve la plus irrécusable de la vérité et de la justesse de
tout ce qui précède.

Tel est l'immense et excellent Ouvrage dont j'entreprends de donner une idée sommaire, et dont je voudrais au moins peindre l'esprit, et bien retracer la marche et les principes. Il est si riche en faits ; il traite de tant de sujets qui, par leurs nombreuses relations, nécessitent de fréquentes digressions ; et certaines parties exigent des développemens si étendus, que l'ordre qui préside à l'ensemble peut facilement échapper même à des regards attentifs. Mais il doit reparaître d'une manière plus frappante dans un cadre plus resserré ; et c'est à le reproduire que je m'attacherai principalement.

Dans cette vue, au lieu de faire des articles à part pour le *Mémoire sur l'origine des constellations*, et pour le *Traité de la sphère*, je vais me permettre quelques observations préliminaires, dont je tirerai le fonds non-seulement de ces deux Traités, mais encore de toutes les parties de l'Ouvrage, et ensuite je suivrai la série des idées sans que rien l'interrompe, autant toutefois que j'en serai capable.

CHAPITRE PREMIER,

Observations préliminaires.

L'ASTRONOMIE est une science sublime par laquelle, nous élançant hors du petit globe que nous habitons, nous apprenons à connaître l'immensité de l'univers. Comme toutes les autres parties de nos connaissances, elle tire son origine des perceptions de nos sens; mais plus qu'aucune autre, à mesure qu'elle se perfectionne, elle rectifie les erreurs de ces mêmes sens, en contredisant leurs rapports, ou du moins les jugemens précipités que nous en avions portés. Elle nous fait connaître comme petit ce qui nous semblait grand, comme immense ce qui parait petit à la vue, comme immobile ce que nous croyions voir se mouvoir, et comme emportée dans la circonférence d'une vaste ellipse cette petite terre que nous croyions fixe au centre de tout. Comme tous nos premiers apperçus en ce genre sont faux, il n'est pas un progrès qui ne soit une leçon de défiance de nous-mêmes. Aussi l'étude de l'astronomie est la meilleure des leçons de logique ; c'est le plus puissant antidote contre tous les préjugés. Elle rend l'esprit juste, comme la vérité, et vaste comme l'espace.

Cette science a trois parties bien distinctes qui se prêtent un mutuel secours.

La première est la connaissance des astres, de leurs mouvemens tels qu'ils nous apparaissent, de leurs positions entr'eux et par rapport à nous aux différentes heures du jour, aux différentes saisons de l'année, et aux différentes époques des périodes astronomiques plus longues que le jour et l'année. C'est la partie de l'observation qui doit toujours être la première dans toutes les sciences.

La seconde est la connaissance des propriétés géométriques des lignes courbes, abstraction faite des corps qui les décrivent. Elles peuvent s'appliquer également à un astre qui se meut, au clou d'une roue qui tourne, au boulet d'un canon, à la pierre d'une fronde ; c'est la partie de la méditation sur l'idée générale de ces

courbes, abstraite des différens faits particuliers qui nous les montrent dans la
nature. Cette méditation nous conduit
aussi à l'invention de divers instrumens
qui aident et perfectionnent les premières
observations astronomiques faites à la vue
simple.

La troisième partie de l'astronomie est
la connaissance des méthodes de calcul.
C'est le fruit de la combinaison des parties
de la quantité en nombre, et des signes
qui les représentent. En l'appliquant aux
courbes abstraites, nous voyons quelle
portion en doit parcourir un mobile dans
un temps donné, et avec un ou plusieurs
mouvemens connus. Rapportant ces connaissances aux astres et à leurs positions
observées dans différens temps et dans
différens lieux de la terre, nous décou-
vrons la quantité et la nature de leur
mouvement réel ; dans quelle courbe il se
dirige ; quels points de l'espace il traverse;
et nous sommes en état de prédire dans
quel lieu réel sera un astre un jour,
de reconnaître dans quel il a été autrefois, et de découvrir jusqu'au mouvement
apparent que doit produire ce mouvement

vrai; ainsi l'illusion même sert de contre-preuve à la vérité.

Telles sont les merveilles qu'opère un astronome qui possède les trois parties de la science que nous venons d'indiquer.

L'utilité la plus frappante de l'astronomie, celle qui a dû la faire cultiver d'abord, est de mesurer la durée. En effet, la durée ne peut se mesurer que par le mouvement; il doit être connu et égal pour bien partager la durée en espaces appelés *temps*. Et quel mouvement dans la nature pouvait mieux remplir ces conditions, que celui des astres et surtout celui du soleil, à qui en même temps nous devons la lumière, la chaleur, la végétation, et toutes les variations de la nature. Les jours, les saisons, les années ont donc été les mesures naturelles du temps; et la science qui a déterminé leur durée et leur retour, est la règle de l'agriculture et de toutes les actions de la vie humaine : elle n'a pas moins servi à connaître les positions respectives des divers points du globe que nous habitons. Ainsi elle a créé la géographie et la navigation.

Elle nous a aidé à débrouiller nos souvenirs des actions passées, en les liant aux aspects célestes ; elle est donc le guide de la chronologie et le flambeau de l'histoire. Que de raisons pour l'étudier !

Mais ce n'est pas seulement par ses applications utiles, que l'astronomie est curieuse et importante ; c'est encore par les erreurs qu'elle a fait naître. Car de quoi l'esprit humain n'abuse-t-il pas ? dans quelle carrière a-t-il marché sans faire plus de faux-pas que de progrès ? et dans quel genre n'est-il pas vrai de dire que son véritable perfectionnement consiste moins dans l'acquisition de vérités nouvelles que dans la destruction d'erreurs anciennes ? Ce n'est donc pas assez de connaître le peu de vérités que nous possédons ; il faut se condamner à étudier péniblement nos nombreuses absurdités pour les combattre avec succès.

L'astronomie et la métaphysique ont produit l'astrologie, et la théologie, en s'égarant mutuellement dans leur enfance; et de nos jours elles anéantissent ces prestiges par les secours réciproques qu'elles se donnent dans leur maturité. C'est sous

ce rapport que le citoyen Dupuis a traité
ces deux sciences.

Pour abjurer cet antique amas de préjugés et d'erreurs, connu sous le nom
général d'idées religieuses, de quelque
forme qu'elles soient revêtues, il suffisait
sans doute aux bons esprits que la saine
métaphysique, c'est-à-dire, l'analyse
exacte des opérations de notre entendement, nous démontrât que nous ne connaissons rien que ce qui tombe sous nos
sens ; et que tous les êtres que nous sup-
posons au-delà du monde sensible, ne
sont que des abstractions personnifiées,
des créations de notre imagination, dont
rien ne pourra jamais justifier l'existence;
en un mot, des causes conjecturales,
assignées à des effets mal connus par des
hommes avides d'expliquer ou de croire,
et impatiens de douter.

Mais un moyen puissant d'ouvrir les
yeux au vulgaire était de trouver la gé-
néalogie de tous ces romans. Chaque
peuple en adopte un exclusivement ; et
la haine de tous les autres est une partie
essentielle de l'hommage qu'il lui rend.
On lui montre qu'ils sont tous le même,

qu'il n'y a que les mots de changés ; et
qu'il adore sous un nom ce qu'il déteste
sous un autre. Toutes les nations de la
terre, excepté une, proscrivent le culte
des astres ; et on leur fait voir à toutes
que ce sont les astres qu'elles adorent sans
s'en douter ; que leurs dieux, leurs saints,
leurs héros ne sont que des emblèmes des
aspects célestes, et que leurs légendes ne
sont que des allégories astronomiques ;
dont les plus récentes sont les plus bizarres, parce qu'elles n'étaient plus com-
prises, même par ceux qui les ont faites.

Toutes les religions ainsi ramenées au
pur sabéisme, au culte des astres et du
feu par l'astronomie aidée de l'érudition,
il n'est plus difficile à cette même astronomie, secourue de la saine métaphysique, de guérir l'espèce humaine du sabéisme lui-même. Il ne s'agit que de faire
voir que la cause première de tout ne saurait jamais nous être connue ; que si elle
n'est pas intelligente, tout culte est une
absurdité ; et que si elle est intelligente,
tout culte l'outrage au lieu de l'honorer,
en la supposant inattentive sur nos besoins, puisqu'il faut les lui rappeler ;
versatile

versatile dans ses desseins puisque nos prières la font changer , et d'une vanité puérile puisque nos ridicules hommages lui plaisent. Les religions ont encore bien d'autres inconvéniens. Mais voyons comment le citoyen Dupuis a rempli le double but de les ramener toutes au sabéisme et de les détruire. Pour cela suivons la filiation de ses idées.

Muni de connaissances profondes dans bien des genres , il a étudié l'astronomie ; en parcourant l'histoire du ciel , un bon esprit ne peut manquer d'être frappé de la singularité des noms et des figures sous lesquels nous rangeons toutes les étoiles en différens groupes appelés *constellations*. Les anciens connaissaient environ mille étoiles. Le citoyen Lalande en a plus de quarante mille bien observées. Il présume qu'il y en a dans tout le ciel environ quatre-vingt mille visibles avec sa lunette de sept pieds et demi ; et si l'on en juge par celles que l'on a comptées dans un petit espace avec le télescope d'Herschel , de vingt pieds de long , il paraît que cet instrument en ferait apercevoir soixante-quinze millions dans la totalité de la voûte

E

céleste. Toutes celles qui nous sont connues jusqu'à présent, sont rangées sous cent constellations ou astérismes. De ces constellations, cinquante sont de création moderne. Trois, l'Antinoüs, la chevelure de Bérénice, et le petit Cheval, quoique anciennes, sont d'une date postérieure ; mais quarante-sept se perdent dans la nuit des temps fabuleux : savoir, douze dans le zodiaque, vingt au nord, et quinze au midi ; et comme on sépare les Pléyades du Taureau, on compte vingt-une constellations septentrionales, et quarante-huit en tout.

Le citoyen Dupuis a recueilli tous les noms et les emblèmes divers que l'on a appliqués à ces anciennes constellations dans les différens temps et chez les différens peuples connus, et toutes les histoires héroïques et théologiques dans lesquelles elles se trouvent mêlées. Il a fait une première remarque, c'est que ces étoiles ne présentaient à la vue aucune forme qui ressemblât aux figures bizarres par lesquelles on les désigna. Ces figures ne sont donc pas données par la nature ; d'un autre côté, il n'est pas possible

qu'elles aient été prises arbitrairement.
Il est donc raisonnable, surtout quand
on connaît le goût des anciens et spécia-
ment des Orientaux pour l'allégorie, et
l'usage qu'ils fesaient de l'écriture hyéro-
gliphique, de conclure que ces figures
sont des caractères symboliques, de vrais
hyérogliphes.

Le citoyen Dupuis n'a pas désespéré
d'en deviner le sens, au moins pour les
constellations zodiacales. Il a conçu qu'ils
devaient peindre les différens états de la
nature pendant le cours de l'année, pour
le climat et pour le temps où ils ont été
inventés. Il a observé que tous les peuples
anciens portaient surtout leur attention
sur les points solsticiaux et équinoxiaux,
et que plusieurs, et notamment les Egyptiens commençaient leur année au solstice
d'été.

Il a remarqué de plus, que par l'effet
de la précession dés équinoxes, qui est
d'environ 50″ de degré par an, chacune
de ces constellations, dans l'espace de
25773 ans, occupe successivement tous les
points de l'écliptique, ensorte que tel
emblème qui n'a aucun sens dans une

époque de cette période, en a beaucoup
dans celle qui lui convient. Il ne s'agissait
donc que de les remettre à leur vraie
place.

Pour y réussir il n'a pas craint de se
reporter au temps où la constellation du
capricorne se levait avec le soleil le jour
du solstice d'été. Cet animal qui aime à
être toujours sur les endroits les plus es-
carpés, lui a paru l'emblème naturel du
moment où le soleil est le plus élevé sur
notre hémisphère. Le verseau et les poissons sont les signes naturels des inonda-
tions. Le bélier figure bien le temps où
on peut faire sortir les troupeaux à la tête
desquels il marche toujours. Le taureau
marque le moment du labourage. Les gémeaux n'ont point un sens aussi marqué ;
mais l'écrevisse, par sa démarche obli-
que, désigne très-bien le solstice d'hiver,
où le soleil commence à rétrograder vers
nos climats. Le lion peint sa force re-
naissante. La vierge tenant des épis, est
le tableau des moissons. La balance, symbole de l'égalité, est celui de l'équinoxe
de printemps. Le scorpion représente
les maladies qui suivent les chaleurs,

et le sagittaire, le temps des expéditions guerrières.

Or tout cela ne convient à aucun autre climat qu'à celui de l'Egypte, et convient parfaitement à ce pays-là où le Nil déborde en juillet jusqu'à la fin de septembre, où on laboure en novembre et où on récolte en mars. Le citoyen Dupuis a donc été conduit à placer l'invention des signes du zodiaque dans la Haute-Egypte ou en Ethiopie ; et en cela il est d'accord avec le témoignage de toute l'antiquité ; et à déterminer l'époque de cette invention à environ quinze à seize mille ans avant le temps où nous vivons.

Il aurait pu la rapprocher de nous de la moitié de la grande période des fixes, c'est-à-dire, de près de 13,000 ans, en supposant que ces astres déterminaient les saisons par leur lever du soir au lieu de celui du matin. Cette hypothèse m'aurait plu assez ; car il me paraît naturel de penser qu'on a déterminé la position des étoiles d'après le lieu où elles sont pendant la nuit lorsqu'on les voit elles-mêmes, avant de calculer celui où elles sont pendant le jour, lorsque le soleil

E 3

les dérobe à nos yeux. Cependant le cit.
Dupuis préfère la première supposition ,
1°. parce que c'est cette méthode qui a
été constamment suivie dans tous les
temps , dont nous avons conservé le sou-
venir; 2°. peut-être, parce que la seconde
supposition aurait trop rapproché de nous
l'invention des signes du zodiaque , qui
évidemment avaient les mêmes noms
qu'aujourd'hui , 3000 ans avant l'ère
chrétienne , comme nous le verrons dans
la suite. D'ailleurs , pourquoi une supposition de quinze mille ans d'antiquité
répugnerait-elle à un philosophe convaincu de l'éternité du monde?

Le citoyen Dupuis n'a pas entrepris de
fixer l'origine des constellations extra-
zodiacales qui ont pu être imaginées postérieurement et successivement, et dont on
n'a pas les mêmes moyens de déterminer
la date et l'à-propos. Il suffit de savoir
qu'elles précèdent tous les temps connus.

Ces vues sur l'origine des constellations
sont développées dans un Mémoire particulier , publié, à quelques modifications
près, avant le Traité de l'origine de tous
les Cultes. Suivant l'ordre des temps et

celui des idées, il eût dû, ce me semble,
servir de préambule et de préliminaire à
ce dernier Ouvrage; au lieu de cela l'auteur l'a relégué à la fin, et en a fait une espèce de *post-scriptum*, à-peu-près, comme
Buffon n'a présenté ses idées sur la formation des planètes, que parmi les preuves
de sa Théorie de la Terre, dont cependant elles sont évidemment le germe et la
source. L'un et l'autre ont eu peut-être le
même motif, celui de ne pas choquer les
préventions de leurs lecteurs, en leur
présentant d'abord une partie de leurs
opinions, qui, n'étant pas susceptible du
même degré de certitude que ce qui la
suit, aurait répandu sur tout le reste une
apparence hypothétique qui aurait nui
à son effet. Au reste, quand on trouverait hasardées les idées du citoyen Dupuis
sur l'origine des constellations, quand on
serait plus frappé de l'incertitude de
toutes les conjectures, à cet égard que de
la vraisemblance de son hypothèse, quand
en conséquence on la rejetterait, son système n'en serait point ébranlé. Il n'en
serait pas moins vrai que les noms et les
figures des premières constellations sont

E 4

antérieurs à tous les poëmes, à toutes les
légendes , et à toutes les théogonies et
cosmogonies ; que ce sont ces figures qui
fournissent les emblêmes et les attributs
de tous les dieux de l'univers ; que les
aventures de tous ces dieux ne sont que
des peintures allégoriques des mouvemens
des corps célestes, et de leurs divers aspects; et que par conséquent c'est dans le
ciel qu'on doit trouver la source et l'application de toutes les fables mythologiques et théologiques.

En effet, il est constant , 1°. qu'avant
tous les temps dont nous avons mémoire,
la plupart des constellations étaient déjà
désignées par ces figures bizarres d'hommes et d'animaux que nous leur attachons
encore aujourd'hui ; car les écrits et les
monumens les plus anciens qui soient
parvenus jusqu'à nous, nous montrent
cette institution comme leur étant anté-
rieure. Il est vrai que les poëtes qui ont
été les premiers écrivains chez tous les
peuples, nous disent souvent que ces
noms et ces figures ont été donnés aux
constellations, d'après des aventures mer-
veilleuses, qu'ils nous racontent comme

anciennes, de leur temps même; mais il
est bien plus vraisemblable que ces aventures ont été imaginées d'après les noms
et les figures attachées précédemment aux
constellations.

2°. Il est certain que quand on nous
dit que tel dieu s'est changé en un animal
quelconque, que telle princesse est accouchée d'un œuf, que tel héros a été
placé au ciel dans telle constellation,
que tel autre est descendu aux enfers et
en est revenu, qu'un troisième a été mis
en morceaux dans une chaudière, ou avalé
par un poisson, et est ressuscité, etc., etc.;
il est certain, dis-je, que nous ne saurions prendre ces contes à la lettre, et que
nous ne devons pas non plus les regarder comme des rêves de gens ivres. Il faut
donc nécessairement leur chercher des
sens allégoriques et emblématiques; et si
l'on en trouve de très-heureux et de très-
naturels, en rapportant ces histoires aux
phénomènes astronomiques et physiques,
et en employant toujours la même méthode, il y a la plus grande probabilité
qu'on a la véritable clef de toutes ces
énigmes.

3°. Il en faut dire autant de tous ces
attributs donnés par les anciens à leurs
dieux, des divinités avec des étoiles et des
croissans au front ou ailleurs, avec des têtes
de chien, des cornes de bœuf ou de bélier,
des corps de chevaux, des queues de poissons ou de serpens, des pieds de chè-
vres, etc., etc., ou avec des animaux qui
leur sont constamment attachés, tels que
le taureau de Mithra, le chien d'Anubis,
le serpent d'Esculape; ces divinités, dis-
je, ne doivent pas nous paraître ainsi af-
fublées sans motif, et ne sauraient avoir
existé réellement de cette manière. Il en
est de même des animaux et des plantes
révérés dans certains pays, qui ont pu
difficilement, au moins dans l'origine,
être révérés pour eux-mêmes, et qui ne
sont réellement que les attributs ci-dessus, sous une forme vivante.

4°. L'analyse de l'entendement humain
nous montre que les premiers hommes
ont dû d'abord observer le monde, et
jouir ou souffrir de ses mouvemens et de
ses variations, sans lui attribuer aucun
dessein. Que n'en sont-ils restés là! C'est
dans tous les genres, que l'ignorance est

préférable au faux savoir. Mais bientôt,
reconnaissant par leur expérience et celle
de leurs semblables, que tous les êtres qui
se meuvent d'eux-mêmes, ont vie, sentiment et volonté, ils ont attribué ces facultés au monde, l'ont considéré comme
un grand animal, et l'ont adoré dans son
ensemble, et dans ses parties les plus in-
fluentes sur notre globe, c'est-à-dire, les
astres, et surtout le soleil et la lune.
L'histoire nous apprend aussi que c'a été
là la première théologie; et que le culte
matériel des astres a été le premier des
cultes.

5°. La même étude de l'esprit humain
nous apprend encore que quand les
hommes ont imaginé de faire de leur fa-
culté de sentir et de vouloir un être à
part, existant en eux, distinct de leur
corps, en un mot, quand ils se sont supposé ce qu'ils appellent une ame, ils ont
dû, par analogie, donner une ame au
monde, et supposer aux astres des ames
ou intelligences, émanées de l'ame universelle, et en fesant partie, comme les
ames humaines. Telle a aussi été la seconde doctrine de tous les anciens Orien-

taux. Telle est celle que, depuis, les philosophes grecs ont rapportée de l'Égypte
et de l'Asie, et qui a été la base de toutes
leurs hypothèses subséquentes. Mais d'a-
bord, elle n'a dû rien changer au culte
des astres. Seulement, au lieu d'honorer
leur forme visible, c'est à leur génie invisible que l'on a rendu hommage. De là,
toute l'armée céleste des Perses et des
Chaldéens.

6°. Observons encore que la raison nous
dit, et que l'histoire nous confirme que
de tous les êtres, le soleil est celui qui a
le plus fixé l'attention des hommes. La
lumière du jour est un de ses bienfaits.
Les ténèbres de la nuit sont l'effet de son
absence. Quand il revient dans nos climats, tout s'anime, renaît, se reproduit
sur la terre. Quand il s'éloigne, tout dé-
périt et meurt. Il est le principe de vie
de tous les êtres animés. L'histoire de sa
marche est celle de nos biens et de nos
maux. L'observer, et puis l'adorer, ont
été nécessairement la première occupa-
tion des hommes. Aussi, lorsqu'ensuite
ils sont venus à réfléchir sur le mélange
des biens et des maux dans ce monde, et

lorsque, voulant absolument expliquer
une chose inexplicable, ils ont imaginé
de supposer que l'univers était soumis à
l'influence de deux principes opposés, se
combattant sans cesse, ils n'ont pu manquer de faire du soleil l'emblême du principe bienfaisant, et de désigner son ad-
versaire par le nom de *prince de ténèbres*,
ou d'autres équivalens; ou plutôt, toutes
les fables qu'ils ont imaginées sur les combats de ces deux principes, n'ont été que
des emblêmes de la course du soleil et de
ses différentes positions. Le vrai et le premier bien pour les hommes, a été la lumière, la chaleur, la force génératrice
de la nature en été. Le mal, c'est les ténèbres, le froid, la défaillance universelle en hiver; voilà la première et la seule
théologie. Le reste est né de la méprise,
qui nous a fait prendre des abstractions
pour des êtres réels, et de l'impuissance
de nous faire des notions exactes, qui
nous fait aimer les expressions allégoriques.

Abstractions personnifiées, et expressions métaphysiques, voilà les deux grandes
sources de la déraison humaine.

C'est ce petit nombre de vérités simples
que le citoyen Dupuis a établi par toute
la puissance de la raison la plus saine et
de l'érudition la plus vaste. Il ne les a
point créées, car les vérités sont éter-
nelles. Il les a saisies, s'en est emparé, et
en a conclu que les divers aspects du ciel
dans les différens temps, donnaient la
clef et l'explication de toutes les fables
mystiques. D'autres avaient déjà conçu
cette idée; lui, le premier, l'a démontrée.
Il en a fait de belles et nombreuses applications, et il nous a donné les moyens
d'en faire tous les jours de nouvelles. Plus
on en fera, plus on verra que toutes les
théologies et cosmogonies ne sont que des
allégories, que nous avons eu la stupidité
de prendre à la lettre, comme si, quand
on nous dit qu'une femme est dans son
printemps, nous comprenions que c'est
actuellement le mois de germinal pour elle,
quoique nous soyons au mois de frimaire.
C'est ainsi qu'on a cru qu'un taureau et
un agneau étaient des dieux, et les ténèbres, l'ouvrage et le royaume d'un
diable.

Faut-il donc tant de travail et de science,

pour détruire de pareilles balourdises?
Hélas oui! car les absurdités tiennent bien
fortement dans les têtes humaines, quand
elles ont une antique priorité sur la raison. On rougirait d'inventer une chose
qu'on révère parce qu'elle est ancienne,
et qu'on en ignore l'origine.

CHAPITRE II.

*Que l'on s'est toujours trompé sur le sens
des Fables antiques.*

COMMENÇONS par donner une idée de la
manière dont le citoyen Dupuis prouve
qu'on a toujours méconnu le sens des anciennes fables. C'est l'objet du premier
livre de son grand ouvrage, et des deux
premiers chapitres de l'Abrégé.

Il établit d'abord que le mot *Dieu* est
vide de sens, ou signifie la cause universelle, le principe de tout; que l'univers, la nature, c'est-à-dire l'ensemble
de tous les êtres, a dû être le dieu des
premiers hommes, qui n'allaient point

chercher une cause au-delà de ce qu'ils
voyaient, et qu'après bien des recherches
et des méditations, la nature est redeve-
nue le seul dieu des meilleurs philosophes.
Les uns n'avaient point encore composé
de théologie romanesque; les autres se
sont lassés d'y croire.

Il prouve le premier fait par un passage
de Plutarque *de Iside*, et le second, par
l'opinion de Pli..e le naturaliste, et par
celle d'Oeellus de Lucanie, disciple de
Pithagore, qui lui-même était disciple
des Egyptiens.

Viennent ensuite les preuves historiques, que le culte de la nature et de ses
principales parties était le culte primitif
des anciens Phéniciens, Chaldéens et Egyptiens. Le plus remarquable de ces nom-
breux témoignages est le fameux passage
de Chérémon, savant prêtre de l'ancienne
Egypte, qui nous est conservé par Porphire, dans sa lettre à Annebon, et qui
dit formellement, que *les Egyptiens ne
reconnaissent pour dieux que les planètes
et les astres qui composent le zodiaque;
et qu'ils expliquent toutes leurs fables
sacrées par les aspects célestes.* C'est ce
                                    passage

passage qui est le fondement de tout ce système d'explication du cit. Dupuis.

De la Phénicie et de l'Egypte, il passe en Europe. Il y trouve de même le culte de la nature et des astres universellement répandu chez tous les premiers peuples connus. Il montre que ce n'est que par la suite du temps qu'on l'a allégorisé, et enfin spiritualisé.

Repassant ensuite en Asie, il y retrouve partout le même culte, d'après tous les témoignages anciens ; et il le retrouve encore au Japon , à la Chine, dans les Indes , aux îles Moluques, et dans tous les pays sur lesquels nous n'avons que des relations modernes.

Il en est de même de l'Afrique et de l'Amérique , qu'il parcourt ensuite. Les superstitions péruviennes ont même tant de ressemblance avec les phéniciennes, qu'on serait tenté de leur croire une origine commune, si l'on cessait de se rappeler que le spectacle de l'univers, des astres, et nommément du soleil, ayant frappé également tous les hommes , il a dû faire sur tous , à peu-près les mêmes impressions primitives. Partout, des autorités

F

nombreuses et décisives prouvent que le
culte de la nature a été le premier culte
des hommes.

Ce que tant de témoignages ont attesté,
l'examen des monumens anciens qui nous
restent, vient le confirmer. Nous ne les
trouverons point, il est vrai, chez les
peuples encore sauvages. Il faut avoir des
maisons et des arts, avant de bâtir des
temples à ses dieux, et de les représenter
par des images. D'ailleurs, cette idée qui
a tant révolté les spiritualistes, et qu'ils
auraient même dû rejeter entièrement
pour être conséquens, a paru aussi indigne de la divinité aux premiers maté-
rialistes. La voûte du ciel s'appelait *tem-
plum* en ancien latin : et c'est effectivement le seul temple digne de *l'Univers-
Dieu*. C'est en plein air, c'est en présence
du soleil, c'est sur les lieux élevés où on
le voyait plus long-temps, qu'on adorait
ce père de la nature. Les temples, les statues, les emblêmes, les images, les mystères, enfin les nomenclatures et les généalogies des dieux qui s'en sont suivies,
sont des institutions qui, bien qu'anciennes par rapport à nous, peuvent être

appelées récentes , eu égard à l'immensité
des temps. Nous devons toutes celles que
nous connaissons dans notre occident ,
aux Phéniciens et aux Egyptiens, de qui
nous tenons tout. Hérodote, Lucien, Eusèbe, Lactance nous l'assurent également.
C'est donc chez ces peuples qu'il faut observer l'esprit de ces premiers monumens.
Qu'y voyons-nous? Partout les traces du
culte du soleil , du feu et de la nature.
Le temple du soleil à Héliopolis, et le
fameux labyrinthe sont distribués et ornés
comme le zodiaque. Les attributs des
dieux et les hiéroglyphes sont les figures
des constellations. Les pyramides et les
obélisques sont formés de triangles équi-
latéraux , qui étaient l'emblême du feu ;
et Plutarque, Varron, Lucien Jamblique,
Sinésius , Porphire, Athanase, Simpli-
cius, etc. nous attestent cette intention
allégorique, fruit de l'astrologie, cette
fausse science si généralement répandue, et qui n'a d'autre source que le culte
des astres.

Au sortir de l'Egypte, que trouvons-
nous? Chez les Grecs, chez les Romains,
chez les Juifs, partout, depuis l'extré-

F 2

mité orientale de l'Asie et des Indes, jusqu'au nord de l'Europe, nous voyons ici
là la ville aux douze portes, les douze pré-
fectures, les douze grands dieux, les
douze villes d'Ionie ; là, les douze pa-
triarches, les douze tribus, les douze
pains de propositions, les douze pierres
précieuses, les douze apôtres, tout autant d'allusions aux douze signes du zodiaque. Nous voyons chez les Juifs, les
sept pierres précieuses du Rational, les
sept branches du chandelier. Chez les
Égyptiens, les sept chambres de la pyra-
mide, etc. allusions aux sept planètes.
Partout nous trouvons les noms des dieux
relatifs aux astres, leurs fastes célébrés
lorsque la planète qu'ils président est
dans le lieu de son domicile ou de son
exaltation ; leurs attributs tirés des constellations, leurs aventures des aspects
célestes. Enfin, toutes les institutions religieuses, civiles, politiques, les jeux,
les fastes, les calendriers, les poëmes,
la théologie, la philosophie même, tout
nous retrace le culte de la nature.

Ici il est impossible d'extraire l'ouvrage
du citoyen Dupuis. Cent soixante-dix

pages ne sont remplies que de faits at-
testant également cette vérité ; on ne saurait choisir l'un plutôt que l'autre. C'est
ainsi qu'il achève de remplir le but qu'il
se proposait dans le premier livre de
son ouvrage, c'est-à-dire, de prouver que
jusqu'à présent, on n'a rien compris aux
fables antiques, parce qu'on s'est mépris
sur leur objet, et qu'on n'a pas vu que
c'est dans le ciel, et non dans l'histoire,
qu'il faut en chercher l'origine et le sens.

Nous allons voir comment il développe
la méthode à suivre dans l'explication des
anciennes fables, et comment il nous
donne les notions nécessaires pour les
bien comprendre.

CHAPITRE III.

*Moyens de découvrir le sens des Fables
anciennes; notions astronomiques nécessaires à cet effet.*

Le moyen de nous enseigner à expliquer
les fables mythologiques, qui ne sont que
des allégories des mouvemens de l'univers
et de ses parties, était de commencer par
nous remettre sous les yeux le tableau des
principaux agens de la nature. Notre auteur, en nous disant ce qui a principalement frappé les premiers hommes dans
le spectacle de l'univers, nous montre
ce que nous y devons remarquer nous-
mêmes. Il en fait une peinture très-bril-
lante et très-animée, et en même temps
très-claire et très-instructive. Ce chapitre
(le 1ᵉʳ du IIᵉ livre), est un excellent traité
de la sphère, écrit en style poétique, par
un philosophe.

Rien de si affreux que les ténèbres,
rien de si beau que la lumière : voilà, dit
l'auteur, les premières divinités, le premier dogme d'Orphée, de Moïse, et de

tous les théologiens : le soleil est le père de la nature ; il fait fuir l'ombre sa rivale éternelle ; il a eu nos premiers hommages.

Mais, si la lumière nous montre la nature, c'est la chaleur qui la féconde. Elle est un autre bienfait du soleil. Elle suit dans ses variations un mouvement de cet astre, différent de son mouvement diurne; c'est celui qui paraît l'emporter dans un cercle dont l'obliquité, par rapport au cercle diurne, tantôt approche, tantôt éloigne le plan de celui-ci du point de notre zénith. Cette distance, plus ou moins grande, mais qui n'excède jamais certaines bornes, est cause que le cercle diurne est, en plus ou moins grande partie, au-dessus de notre horizon, et que le jour l'emporte en longueur sur la nuit, ou la nuit sur le jour.

Les deux points où ils sont égaux ont dû être remarqués. Ce sont les équinoxes. Le cercle diurne, que le soleil décrit en deux jours, a été appelé *équateur.* Les deux points les plus éloignés des équinoxes, les points solsticiaux où le soleil s'arrête et rétrograde, dans l'un pour s'é-

loigner de nous, dans l'autre pour nous
revenir, n'ont pu manquer de frapper
aussi les observateurs. Les cercles qu'il
paraît décrire ces jours-là furent appelés
tropiques. On célébra dans ce temps Jupiter *stator* ou stationnaire. Le solstice
d'hiver surtout a été une époque de fête ;
c'est la renaissance de l'espérance, *natalis
solis invicti*, ou Noël. L'équinoxe de
printemps est un moment encore plus
heureux ; c'est celui où le soleil reprend
sa supériorité de lumière et de chaleur ,
et où se développe la fécondité : c'est la
fête de la Pâque ou du Passage. Le solstice d'été est le *maximum* de sa gloire.
A l'équinoxe d'automne , les ténèbres ne
l'emportent pas encore sur la lumière ;
mais la force de la chaleur est diminuée,
et le soleil est privé de sa vertu génératrice. C'est sous tous ces aspects qu'il nous
est peint par les poëtes et les théologiens.

Après le soleil , la lune a fixé les regards. Elle n'est point douée de chaleur
et de fécondité, sa lumière est faible
et empruntée , et éprouve des 'alté-
rations et des intermittences ; elle n'a
dû avoir que le second rang. Mais elle

éclaire les nuits ; elle est remarquable par
la grandeur apparente de son disque et
par ses phases , dont elle offre seule
l'exemple à l'observateur qui n'a point
d'instrumens pour découvrir celles des
autres planètes. Ses petites périodes de
sept et de vingt-neuf jours , sont com-
modes pour mesurer des durées plus longues qu'un jour. Douze des révolutions
de sa lumière répondent à une des révolutions annuelles du soleil ; chacune
sert à en mesurer la douzième partie, et a
semblé concourir à ce qu'elle opère ; car
on est bien tenté de regarder comme cause
d'un effet, ce qui en est le signe certain
et constant. La lune a dû être associée au
soleil , comme sa compagne et sa sœur.

Un autre astre moins grand que la lune
en apparence , mais si beau qu'on le voit
quelquefois en plein jour , attire ensuite
les regards. Il s'écarte peu du soleil; nous le
voyons ou précéder son lever ou suivre son
coucher. On ne l'a pas d'abord reconnu
pour le même. On en a fait l'étoile du matin
et celle du soir, *lucifer* et *vesper*; mais bientôt il est devenu Vénus, la déesse de la beauté. Le peuple l'appelle l'*étoile des bergers* ,

qu'il conduit aux champs ou en rappelle.

Avec un peu d'attention on remarque
bientôt un quatrième astre plus petit,
mais très-brillant, qui s'éloigne encore
moins du soleil, qui a une marche très-
rapide. Il devint Mercure, le secrétaire,
le messager des dieux.

Trois autres furent ensuite observés se
mouvant dans le même sens que le soleil
et la lune, mais sans s'attacher à eux.

L'un a une lumière blanche et pâle,
et une démarche si lente, qu'il met à
faire sa révolution autant de mois que le
soleil de jours, c'est-à-dire, trente ans.
Il s'appelle *Saturne*. Il fut l'emblème de
la vieillesse, du temps, etc. Il voit périr
tant d'hommes ; il dévore ses enfans.

Le second est de couleur d'or comme
le soleil. Chaque année du soleil est un
mois pour lui, c'est-à-dire, qu'il reste
un an dans chaque signe, et qu'il achève
sa révolution en douze ans. Ces analogies
le firent appeler *Jupiter*, et père du jour
comme le soleil.

Le troisième est rouge couleur de sang ;
sa révolution est de deux ans, ensorte
qu'à chaque seconde année il est opposé

au soleil. Cette opposition et cette couleur
en firent Mars, dieu des combats et de
la résistance.

Voilà les sept grands dieux : on les ran-
gea suivant l'ordre apparent de leur distance et de la longueur de leur révolution ;
savoir, la Lune, Mercure, Vénus, le
Soleil, Mars, Jupiter et Saturne.

Le soleil est au milieu, est le quatrième. On imagina qu'ils formaient un
système harmonique, dont le Soleil est
la quarte. Voilà les sept notes.

Les planètes étant rangées ainsi, partez
d'une d'elles prise à volonté, comptez
toujours par quatre, et prenez la quatrième, vous aurez ces dieux dans l'ordre
des jours de la semaine qui leur sont consacrés. Si, au contraire, vous ne comptez
que par trois et prenez la troisème, vous
les aurez dans l'ordre précisément inverse,
comme dans l'échelle de l'antre mi-
thriaque.

Peut-être aussi l'ordre des jours de la
semaine vient-il, comme le dit Bailly,
de ce que la Lune présidant à la première
heure du jour, Mercure à la seconde et
ainsi de suite, Mars se retrouve présider

la vingt-cinquième, c'est-à-dire, la
première du jour suivant, Mercure la
quarante-neuvième, ou la première du
troisième jour, et ainsi des autres.

Cette petite période de sept jours se retrouve chez tous les peuples.

Ces astres errans, leurs stations, leurs
rétrogradations, leurs conjonctions, leurs
oppositions entr'eux et avec le soleil et la
lune, donnèrent lieu à une infinité d'observations, de combinaisons et de suppositions astrologiques.

Puisqu'ils se mouvaient isolément, on
leur supposa à chacun une sphère sé-
parée ; de là les sept sphères imaginées
au-dessus les unes des autres.

Mais ces astres, indépendamment de
leur mouvement particulier, paraissent
entraînés tous les jours par le mouvement général de toutes les étoiles qui n'en
ont pas d'autre, Le Ciel ou Uranus fut une
huitième sphère, un premier dieu qui
renferme tous les autres et les subjugue.

Les cercles que décrivent ces astres
errans ne s'éloignent jamais de plus de
neuf degrés du cercle de la révolution
annuelle du soleil, C'est donc dans une

bande large de dix-huit degrés que tous
ces orbites sont renfermés. Tous les astres
fixes compris dans cette bande , furent
partagés et groupés sous douze signes ou
figures qui marquaient les douze points
où la lune se trouvait pleine pendant
une révolution annuelle du soleil. La
plupart de ces signes étaient des figures
d'animaux ; on appela la bande qui les
comprenait, *zodiaque* ou *cercle des animaux*.

Le cercle que décrit le soleil au milieu
de cette bande, s'appelle *écliptique*, parce
qu'il ne peut être éclipsé que quand la
lune et lui sont dans ce cercle ; mais cette
réflexion est postérieure. On ne vit long-
temps dans les éclipses que des entreprises du principe des ténèbres.

Les divers signes du zodiaque varièrent
infiniment les attributs du soleil, de la lune
et des planètes devenues dieux , suivant
qu'ils étaient unis à l'un ou à l'autre. Le
zodiaque fut appelé *la route des dieux ;* et
ses signes devinrent douze dieux, ministres
des sept premiers dieux. Ils présidèrent
aux douze mois. De signes , ils devinrent
causes , ce qui arrive toujours.

Les étoiles extra-zodiacales furent par-
tagées aussi en trente-six constellations,
dont chacune répondit à un tiers de signe,
avec lequel elle se levait ou se couchait.
On leur attribua aussi des influences ; elles
devinrent des dieux coopérateurs.

La nuit elle-même devint un dieu. Elle
rafraîchit la nature ; c'est sous son ombre
que se montrent tous les dieux qui parent
le ciel. Cependant toutes les étoiles fixes
paraissent décrire chaque jour chacune
un cercle parallèle à celui que semble
décrire le soleil ; ces cercles sont plus
petits à mesure qu'ils sont placés plus loin
de l'équateur. Les constellations voisines
de l'équateur paraissent donc se mouvoir
plus vite ; aussi leur a-t-on souvent donné
des ailes. Mais enfin, toutes se meuvent ;
il n'y a qu'un point dans le ciel qui pa-
raisse immobile ; c'est celui autour duquel tous les astres tournent. C'est le pôle
commun à tous ces cercles, celui de l'é-
quateur céleste, celui du monde ; ce point
a dû être remarqué ; il l'a été en effet.

On a appelé *finitor* ou horizon le cercle
qui termine notre vue. Si nous habitions
sous l'équateur terrestre, le pôle du monde

serait à notre horizon, et tous les cercles
des étoiles lui seraient perpendiculaires.
Leur partie visible ou au-dessus de l'horizon serait égale à celle invisible ou au-
dessous; si au contraire nous habitions
sous le pôle de la terre, le pôle du monde
serait perpendiculairement sur notre tête
ou à notre zénith. L'équateur se con-
fondrait avec l'horizon; et tous les cercles
des étoiles lui étant parallèles, une moitié
de ces astres nous serait toujours visible,
et l'autre jamais. Mais presque tous les habitans de la terre sont entre ces deux points
extrêmes. Ils ont donc tous les cercles décrits par les étoiles obliques à leur horizon. Les plus près du pôle supérieur sont
toujours visibles, les plus près du pôle
inférieur toujours invisibles, et tous les
autres partagés inégalement, excepté l'é-
quateur qui est partagé en deux parties
égales, comme nous l'avons vu.

Les points où il coupe l'horizon, dé-
terminent l'Orient et l'Occident. Celui
où le plus grand parallèle toujours visible
touche l'horizon, fixe le Nord; et celui
où le plus grand parallèle toujours invisible touche le même horizon, fixe le

Midi. Le cercle qui passe par ces deux points, Nord et Midi et par notre zénith, s'appelle *Méridien*, parce qu'il coupe en deux parties égales les parties visibles ou supérieures à l'horizon des cercles diurnes de tous les astres. Le moment où ils passent au méridien, est donc le milieu de leur course, le moment de leur plus grande hauteur au-dessus de l'horizon. Ce point fut remarqué et entre dans les combinaisons astrologiques et mythologiques.

A ce propos, observons que la *hauteur* d'un astre se mesure par le nombre de degrés d'un cercle vertical à l'horizon, comptés depuis l'horizon jusqu'au lieu de l'astre.

Son *amplitude* ortive ou occase est le nombre de degrés de l'horizon, depuis le point d'Orient ou d'Occident jusqu'au point du lever ou du coucher de l'astre. Elle est australe ou boréale.

Sa *déclinaison* est le nombre de degrés d'un cercle perpendiculaire à l'équateur, compris entre l'équateur et le lieu de l'astre : elle est boréale ou australe ; et son *ascension droite* est le nombre de
degrés

degrés de l'équateur, compris entre le
point où ce cercle perpendiculaire coupe
l'équateur, et celui où l'équateur coupe
l'horizon.

Sa *latitude* est le nombre de degrés d'un
cercle perpendiculaire à l'écliptique, compris entre l'écliptique et le lieu de l'astre;
et enfin sa *longitude* est le nombre de
degrés de l'écliptique, compris entre le
point où ce cercle perpendiculaire coupe
l'écliptique et le point équinoxial.

Ces définitions étaient nécessaires: mais
revenons au méridien. On a observé le
passage des astres à ce cercle. Il a été aisé
de reconnaître qu'il avançait chaque jour
de quatre minutes de temps, sur celui du
soleil à ce même cercle, à cause du mouvement annuel de cet astre dans l'écliptique. Cette différence en faisait une de
deux heures en un mois, de six heures
en trois mois, et de douze heures en six
mois; ensorte qu'un astre qui se levait à
l'équinoxe du printemps avec le soleil,
au solstice d'été est au méridien à la même
heure de six heures du matin; à l'équinoxe
d'automne il est déjà au bord occidental
de l'horizon à cette même heure; et par
G

conséquent il se couche le matin et se lève
le soir.

Cette correspondance entre la marche
des étoiles et celle du soleil, a été plus
aisément aperçue par les passages au
méridien, que par les levers et les couchers, parce que l'accroissement et la di-
minution successive des jours change les
heures de ceux-ci.

Cependant les levers et les couchers
ont été fort remarqués, et on en a distingué de trois espèces. Partons du moment où une étoile se lève en même
temps que le soleil, parcourt avec lui
la partie visible du ciel, et se couche avec
lui, cela s'appelle *le lever et le coucher
cosmiques* de l'étoile. On ne la voit point
du tout à cette époque.

Quinze ou vingt jours après, le soleil
ayant retardé sur l'étoile d'environ une
heure, on l'aperçoit à l'horizon un moment avant que l'astre du jour ait dissipé
la nuit ; et bientôt elle se perd dans ses
rayons. C'est ce qu'on nomme le *lever
héliaque*.

Mais l'étoile avançant toujours sur le
soleil, elle est successivement visible plus

long-temps avant son lever ou une plus grande partie de la nuit, jusqu'à ce qu'enfin elle se trouve déjà se coucher quand il ne fait que se lever, et par suite se lever quand il se couche. C'est ce qu'on appelle *le lever et le coucher acroniques*. L'astre est visible toute la nuit à cette époque, qui arrive six mois après le lever et le coucher cosmiques dont elle est l'opposé.

Enfin l'étoile avançant toujours, elle est quelque temps après déjà au haut de sa course, que le soleil n'est pas encore couché. On ne la voit plus que quelques heures le soir; et bientôt le soleil ne la devançant plus que d'environ une heure, on l'aperçoit un instant seulement s'échapper de ses rayons lorsqu'il se couche, et se plonger tout de suite après lui sous l'horizon : c'est ce qu'on appelle le coucher *héliaque*, que suivent de près le coucher et le lever cosmiques par où nous avons commencé.

Cette théorie des levers et des couchers est très-nécessaire pour l'intelligence des calendriers des anciens, de leurs livres d'astrologie et de leurs fables mythologiques;

car ils ont très-souvent associé aux effets
du soleil, comme des causes secondaires,
les astres qui étaient remarquables par
leur beauté.

Ainsi la belle étoile *Sirius* ou du grand
chien qui s'unit au soleil dans toute sa
force, fut le gardien de l'Olympe, le dieu
Anubis. Orion placé à l'équinoxe du printemps, fut le chien d'*Orus*, du dieu soleil
du printemps, comme la *grande Ourse*
qui se lève avec les signes d'automne,
fut le *chien de Tiphon*. De même encore,
des étoiles qui précèdent le soleil à l'époque de la renaissance de la nature, l'une
fut *Phaéton*, ou le cocher de l'astre du
jour; et une autre la *Chèvre*, sa mère nour-
rice, dont la corne contenait l'abondance.

On remarqua aussi singulièrement
quatre belles étoiles, dont deux rouges et
deux blanches, qui fixaient les limites
des saisons environ deux mille cinq cents
ans avant l'ère chrétienne, les deux rouges, *Aldabaran* ou l'œil du taureau, et
Antarès, ou le cœur du scorpion, marquaient les équinoxes, et les deux blanches, *Regulus* ou le cœur du lion et *Fo-
malhaut* ou la bouche du poisson, mar-

quaient les solstices. On les appela *étoiles royales* ; et les signes où elles se trouvent furent retracés partout.

Toutes ces correspondances étaient très-bien observées pour le temps où l'équinoxe du printemps arrivait lorsque le soleil était dans le signe du taureau, c'est-à-dire, il y a quatre ou cinq mille ans, époque d'où datent à-peu-près les plus anciennes fables qui soient parvenues jusqu'à nous. Mais nous avons déjà remarqué dans nos Observations préliminaires, le phénomène appelé la *précession des équinoxes*. Pour le dire en passant, les modernes en ont découvert la cause. La terre étant un sphéroïde aplati vers les pôles, le soleil et la lune exercent une attraction latérale sur sa partie renflée, attraction qui déplace le plan de l'équateur terrestre, de manière à faire rétrograder lentement d'Occident en Orient le point où il coupe l'écliptique, qui est le point équinoxial, ensorte que chaque année le soleil arrive à ce point 50″ plutôt qu'il ne devrait. Il est résulté de là, que tous ces attributs et toutes ces allusions qui convenaient parfaitement au soleil arrivant à l'équinoxe du printemps dans le signe du taureau, n'avaient plus de sens lorsqu'il y arrivait dans le signe du bélier; et moins encore actuellement qu'il y arrive dans les poissons. C'est pourquoi les énigmes sacrées et les fables religieuses ont été inintelligibles pour les Grecs et les Romains qui les ont encore embrouillées; et les modernes n'y ont rien compris jusqu'à ce qu'ils se soient reportés au temps de leur invention. C'est ce qu'a fait le premier le citoyen Dupuis.

Tel est l'aperçu des notions astronomiques qu'il a cru devoir préliminairement donner à ses lecteurs; actuellement nous allons exposer quelques principes prétendus philosophiques admis par les anciens, et dont la connaissance est également nécessaire pour pénétrer le sens de leurs fables.

CHAPITRE IV.

Suite des moyens de découvrir le sens des fables anciennes. Notions philosophiques qui y conduisent.

On a vu que le chapitre précédent n'était presque qu'un traité de la sphère, suivant les idées des anciens. Mais pour avoir la clef de leurs fables qui ne sont, nous ne saurions trop le répéter, que l'histoire allégorique de leur philosophie, ce n'est pas assez de savoir qu'ils regardaient le monde comme un grand animal, et d'avoir parcouru quelques-unes des phénomènes qu'ils y remarquaient ; il faut encore savoir que dans ce grand être vivant, qui renferme tout, qui est cause de tout, en un mot, dans l'*univers-dieu*, ils distinguaient deux parties principales : l'une est le ciel où tout est constant, régulier, inaltérable, où rien ne présente l'image du changement et de la destruction, et qui

G 4

règle par ses influences la succession des
variations de notre globe. L'autre est la
terre, où tout est agitation, révolution,
génération et destruction successives, et
qui reçoit du ciel les principes de sa fécondité. Les anciens ont fait de ces deux
parties de l'univers deux causes distinctes
concourant perpétuellement à la production de tout, l'une comme active, l'autre
comme passive; l'une comme mâle, l'autre
comme femelle. Ils ont établi leurs limites
vers la région de la lune. Ainsi le ciel,
l'éther, le feu céleste et pur, le soleil et
les astres ont fait partie de la cause active
et mâle. La terre, la matière grossière et
sublunaire, les élémens ont été regardés
comme la cause passive et femelle.

Ce dogme a été universellement répandu
dans l'antiquité. Nous le trouvons exposé
très en détail dans Ocellus de Lucanie,
qui vivait dans le temps des Thalès et des
Solons; c'est-à-dire environ cinq cents
ans avant l'ère chrétienne; et dont l'ouvrage est un des plus anciens de ceux qui
nous restent. Nous le retrouvons dans
Aristote et dans son commentateur Sim-
plicius. Sinesius, évêque de Cirène, Pro-

elus, dans son Commentaire du Timée, l'ont admis. Philon, Thalès et d'autres spiritualistes l'ont conservé, en mettant seulement à la place du ciel l'être métaphysique et abstrait qu'ils appelaient son génie, son intelligence. Cheremon, Plutarque, Diodore de Sicile, Macrobe, Eusèbe, une foule d'autres nous attestent que c'était l'opinion universelle de l'antiquité.

C'est cette union, ce mariage des deux causes que l'on a voulu célébrer, en figurant partout, portant en cérémonie, et offrant à la vénération des peuples la représentation des parties de la génération des deux sexes. Cette idée a passé de la philosophie dans la religion, ou plutôt lui a donné naissance. On est tout près de la crédulité quand on raisonne d'après des hypothèses. Elle a fait la base de toutes les cosmogonies et théogonies. Celle des Hébreux attribuée à Moïse, celle des Phéniciens attribuée à Sanchoniaton, celle des Grecs composée par Hésiode, celles des Egyptiens, des Atlantes, des Crétois, rapportées par Diodore de Sicile; les fragmens de celle d'Orphée, le boundesh des Perses, les livres des Indiens, les tradi-

tions des Chinois, des Macassarois, etc. etc.
Enfin toutes les Genèses sont fondées sur
ce dogme. Partout nous voyons les généalogies des dieux et l'histoire des premiers
hommes commencer par le mariage d'Uranus, le Ciel, Uyès, Epigée, Noati, Pan-
genitor ; le Père qui épouse Ghé, la Terre,
Cybèle, Tokuie, Thitèa, Aretia, la mère,
la nourricière sa compagne ou sa sœur :
et il en naît Chrône, Saturne, le dieu du
temps et des astres, des génies, des azes,
des montagnes qui portent le ciel, etc. ;
toutes choses qu'on ne sera sûrement
pas tenté de prendre au pied de la lettre.
D'ailleurs plusieurs de leurs auteurs, tels
que Sanchoniaton, nous avertissent posi-
tivement en nous les racontant, que ce
sont des allégories. Nous savons donc,
comme le dit le citoyen Dupuis, à quoi
nous en tenir sur ces premiers pères prétendus des dieux et des hommes : et leur
sort décidera de celui de leurs enfans.
Partout où nous les trouverons, nous y
verrons l'emblème de la cause active et
passive de la nature et de ses principaux
effets; et nous reconnaîtrons que l'immor-
tel Bacon avait raison de dire que la fable
était la sagesse des anciens.

Notre auteur entre ensuite dans beaucoup de détails sur ces prétendus enfans
d'Uranus , c'est-à-dire, sur les diverses
parties de la cause active. Il expose les
opinions philosophiques et astrologiques
des anciens sur les influences de ces
astres, opinions nées , pour la plupart ,
d'une physique absurde , et qui ont enfanté des fables religieuses encore plus
absurdes , lesquelles ont souvent été con-
sacrées par des fêtes et des institutions
sociales. Il donne en passant beaucoup
d'exemples d'attributs et d'aventures de
dieux et de déesses qui s'expliquent par
ce moyen. Le soleil et la lune , comme plus
remarquables , se représentent sous mille
formes. Le premier est ici Ormusd , là
Osiris , ailleurs Jupiter , etc. etc. Suivant
les temps, il est enfant au solstice d'hiver,
et s'appelle Orus et Harpocrate. Il est
Apollon, Adonis , Atis , Bacchus , sous la
forme d'un jeune homme au printemps ;
Jason , Hercule , homme faits en été ; Esculape , vieillard en automne. Apis et le
taureau de Mithra sont ses attributs quand
l'équinoxe venait au signe du Taureau ;
il eut des cornes de bélier quand il vint

au Bélier ; c'est Jupiter Hammon. C'est
ainsi que la lune s'appela Isis , Diane,
Hécate , et eut mille aventures auxquelles
nous ne nous arrêterons pas, parce que
nous les retrouverons dans un ordre plus
suivi , quand nous verrons les applications du système de notre auteur , à l'ex
plication des anciens poëmes. Quant à
présent , notre objet est de remarquer les
positions et les rapports des astres à l'é-
gard du soleil et de la lune , qui les fesaient regarder comme concourant à leur
action , c'est-à-dire à celle de la cause
active du monde , qui les fesaient appeler
Astres paranatellons , et qui les fesaient,
en cette qualité , figurer dans les fables.

Dans le chapitre précédent nous avons
déjà parlé des principales de ces circonstances , telles que les divers levers et couchers , les passages au méridien , etc, etc.
Celles-là sont données par la nature. Mais
il est bon de savoir que les astrologues
en avaient imaginé qui n'ont de réalité
que dans leurs cerveaux. Par exemple , ils
avaient rêvé de faire du Lion , roi des animaux , le domicile particulier du Soleil ,
et du Cancer qui est auprès de lui , le do-

micile de la Lune , ces deux signes étant
les plus élevés du zodiaque. Ensuite ils
avaient donné à Mercure , comme la planète la plus proche du Soleil, les Gémeaux et la Vierge ; et de suite, suivant
l'ordre des distances ; à Vénus, le Taureau et la Balance ; à Mars , le Bélier et
le Scorpion ; à Jupiter , les Poissons et le
Sagittaire ; et à Saturne , le Verseau et le
Capricorne. Cela explique pourquoi le
fameux Bélier à toison d'or , qu'on nous
dit placé dans les signes célestes , était
suspendu dans le temple de Mars : pourquoi ce fameux dragon de Cadmus , qui
est le serpent du serpentaire placé sur le
Scorpion , est censé habiter près d'une
fontaine du dieu Mars : pourquoi la Vénus
phénicienne avait une tête de taureau :
pourquoi la Diane d'Ephèse avait sur la
poitrine la figure d'un cancer : pourquoi
Horus était soutenu par des lions : pourquoi le premier mois de l'année des Romains , celui de Mars , était consacré à
Mars , le second à Vénus , le troisième à
Mercure , le quatrième à la Lune , et le
dixième à Saturne , etc. etc.

Les astrologues avaient aussi déterminé,

je ne sais sur quel fondement, un point
pour chaque planète, qu'ils appelaient le
lieu de son exaltation, où elle était censée
jouir de toute sa puissance. Ce lieu était,
pour le Soleil, le 19ᵉ degré du Bélier ;
pour la Lune, le 3ᵉᵐᵉ du Taureau ; pour
Mercure, le 15ᵉᵐᵉ de la Vierge ; pour Vénus, le 27ᵉᵐᵉ des Poissons ; pour Mars ,
le 28ᵉᵐᵉ du Capricorne ; pour Jupiter, le
15ᵉᵐᵉ du Cancer ; et pour Saturne, le
20ᵉᵐᵉ de la Balance. Les fêtes des anciens
Sabéens se fêtaient quand l'astre était dans
son exaltation ; de là la Pâques. Celles des
Romains étaient en général fixées d'après
le domicile.

  Enfin on avait divisé chaque signe du
zodiaque en trois decans , en trois parties
de dix degrés chacune, à laquelle répon-
dait celle des trente-six constellations
extra - zodiacales qui se lève en même
temps. On imagina de donner la prési-
dence de chacun de ces decans à un des
dieux-planètes successivement ; en commençant par le premier decan du Bélier
et Mars qui y a son domicile, recommen-
çant toujours par Mars, et finissant par
lui au trente-sixième decan, ensorte que

chaque planète en avait cinq et Mars six.
Cette distribution paraît postérieure et
être du temps où l'équinoxe arrivait au
Bélier. Elle a donné lieu à bien des fables.

On avait aussi attaché à chaque signe
du zodiaque un des douze grands dieux ;
au Lion , Jupiter ; à la Vierge , Cérès ; à
la Balance , Vulcain ; au Scorpion , Mars ;
au Sagittaire , Diane ; au Capricorne ,
Vesta ; au Verseau , Junon ; aux Poissons ,
Neptune ; au Bélier , Minerve ; au Taureau , Vénus ; aux Gémeaux , Apollon ;
au Cancer , Mercure : ou plutôt on avait
fait une intelligence , un génie de chacun
de ces signes. On a été depuis jusqu'à
donner un génie particulier à chaque degré du zodiaque. Où ne va-t-on pas quand
on se permet les suppositions ? et peut-
on être surpris de la déraison universelle,
quand l'esprit humain part de choses supposées comme de choses prouvées ?

La connaissance de toutes ces rêveries
sert à deviner bien des allusions , qui , sans
cela , seraient inintelligibles. Mais en voilà
assez sur la cause active ; passons à la
cause passive.

Assurément Socrate avait bien raison de

dire de son temps, qu'il fallait faire descendre la philosophie du ciel sur la terre, si l'on voulait qu'elle fût utile : car on ne peut voir sans admiration à quel excès les anciens ont porté la fureur de tout expliquer et la manie d'imaginer au lieu d'observer.

Les uns nous disent que c'est ce qu'ils appellent l'*Éther*, qui est le principe de tout, et que les astres en sont formés : voilà la cause active. Ensuite ils conçoivent la matière existante, abstraction faite de toute forme : c'est le chaos, c'est l'Érèbe : voilà la cause passive mise en mouvement par la cause active : les élémens se sont séparés suivant leur pesanteur, la terre, l'eau, l'air et le feu.

D'autres veulent que tout vienne de la chaleur qui appartient au soleil, et du principe humide qui appartient à la lune, c'est-à-dire, disent-ils, qu'un œuf éclôt en vertu de la liqueur qu'il contient et de la chaleur de l'incubation.

Tous admettent les quatre prétendus élémens. Ils donnent à l'un le mouvement de haut en bas ; à l'autre celui de bas en haut ; et à l'éther le mouvement circulaire

laire. Ils sont fort partagés sur la prééminence d'un de ces prétendus élémens sur l'autre ; car on sent bien qu'il faut que les hommes s'occupent toujours de prééminence. Il y en a qui veulent que le feu occupe le centre, parce que, comme le plus parfait, il doit avoir la place principale. En vérité, on ne saurait surmonter le dégoût que cause cette pitoyable physique : heureusement cela n'est pas nécessaire. Il nous suffira de savoir qu'après avoir fait de la matière une cause première, un Dieu, on a divinisé la terre, ses parties principales, les montagnes, les mers, les fleuves, les fontaines. On a fait des quatre élémens des génies présidant aux quatre saisons : on a été jusqu'à les faire présider à tels signes du zodiaque, à telles constellations. On ne s'en est pas tenu là, on a affecté au feu le principe du chaud, à l'air celui du froid, à l'eau celui de l'humide, et à la terre celui du sec. On a personnifié ces quatre principes, et on a imaginé qu'ils dominaient chacun dans des astres, et que ces signes, ces astres, et ces principes, modifiaient et gouvernaient toutes les choses d'ici-bas. Tout cela a

H

fourni ample matière à l'astrologie , et a
donné lieu à d'immenses généalogies de
dieux , et à de nombreuses fables : c'est
tout ce que nous avons besoin d'en savoir.
Ainsi , sans entrer dans plus de détails ,
nous allons passer à l'examen d'une idée
qui tient de près à celle de la cause active
et passive , et qui , comme elle , est nécessaire à connaître.

Une des idées les plus anciennes parmi
les hommes et les plus universellement
répandues , c'est que l'univers est soumis
à l'action de deux principes opposés , l'un
source de tout bien , l'autre auteur de
tout le mal. Il n'y a pas un peuple connu
dans les quatre parties du monde, où l'on
ne trouve cette théologie. C'est ce que le
citoyen Dupuis prouve par une foule d'autorités , et ce qu'il aurait pu montrer être
une suite nécessaire de la marche de l'esprit
humain. Tous s'accordent encore à faire
le principe du bien supérieur à celui du
mal , et beaucoup ajoutent qu'il doit le
détruire un jour, et qu'alors les hommes
seront heureux. Voilà le texte du dogme
de la vie à venir. Enfin tous font le principe du bien , souverain dans le ciel et

dans les astres , et le principe du mal
régnant dans la matière sublunaire qu'il
trouble , et dans les profondeurs de la
terra. Cela rapproche bien cette idée des
deux principes , de celle de deux causes
active et passive : elle est la même un peu
spiritualisée. Les domaines des deux principes sont pareils à ceux des deux causes ;
leurs limites sont exactement les mêmes ;
car c'est encore la sphère de la lune qui
fait la ligne de démarcation. Aussi les anciens ont-ils placé les ames heureuses remontant vers le principe du bien dans la
partie de la lune qui nous est opposée :
c'est là leur paradis. Enfin ces domaines
assignés à la cause active et au principe du
bien d'une part, et à la cause passive et au
principe du mal d'une autre , nous prouvent que ces deux théories dérivent également de l'amour des hommes pour la
lumière , et de leur horreur pour les ténèbres ; et que c'est leurs oppositions et
leurs alternatives qu'ils ont voulu expliquer , décrire et célébrer : car où est le
siége de la lumière? n'est-ce pas dans le
ciel et dans les astres qui paraissent lumineux par essence ? et où est le siége des té-

H 9

nèbres , si ce n'est dans la terre , dans la matière opaque , dont le propre est de projeter des ombres et de produire l'obscurité quand elle intercepte l'action des astres.

Aussi partout Orsmusd , Mithra , Osiris , Jupiter , Apollon , le Soleil , en un mot le principe du bien , est appelé le *roi du ciel*, la source de toute lumière, le principe lumineux ; et Ahriman , Pethiaré , Tiphon , Pluton , le principe du mal, son ennemi , est l'enfant de la terre , le roi de l'enfer, des lieux bas et sombres , le prince des ténèbres. C'est lui qui trouble et détruit tout ce que le principe lumineux organise et produit. Toutes les cosmogonies portent sur cette hypothèse.

La théologie des anciens mages paraît à cet égard être le type original de toutes celles que nous connaissons. Nous la trouvons dans le Boundesch et le Zendavesta. Inventée dans les climats du nord de la Perse et de l'Arménie , elle est exactement calquée sur les aspects du soleil et sur ses effets dans nos climats septentrionaux. Ils partagent le temps en douze *milles*, dont six sont les *milles* d'Oromaze, et six, ceux

d'Ahriman. Ils disent que le mal entre
dans le monde au septième *mille* sous le
scorpion ; que les six *milles* de Dieu sont
l'agneau , le taureau , les gémeaux , le
cancer , le lion , et l'épi ou la Vierge ; et
que sous la balance , Ahriman parut dans
le monde. Il est donc clair que les six
dieux amis d'Oromaze sont les signes d'été,
et ceux d'Ahriman sont ceux d'hiver ; que
leur autre division de quarante - huit
dieux, dont vingt-quatre combattent sous
un chef, et vingt-quatre sous l'autre , et
toujours mélés avec des astres , est une
distinction des quarante-huit constellations ; que l'œuf d'Oromaze percé par
Ahriman est le monde partagé en deux
hémisphères, l'un lumineux, l'autre ténés-
breux ; et qu'enfin tout cela se rapporte
à la marche annuelle du soleil et au retour des saisons.

Ces remarques nous font voir pourquoi
on a attribué aux astres du printemps et
de l'été des influences bienfaisantes , et
aux autres des influences pernicieuses :
pourquoi toutes les formes et les attributs
du principe lumineux sont tirés des premiers , et ceux du principe ténébreux sont

H 3

des serpens , des scorpions ; enfin des astres
d'hiver. Cela nous donne l'origine des
guerres des dieux fils du Ciel , et des géans
enfans de la Terre , des bons et des mauvais génies , des anges et des diables ; et
cela nous donnera de même l'explication
de la Genèse et de l'Apocalypse. Il n'est
pas nécessaire de pousser plus loin ces
observations ; elles suffisent pour nous
montrer le pitoyable usage que les hommes
ont fait de l'astronomie, et comment cette
science nous donne la clef de toutes les
énigmes sacrées : seulement disons encore
un mot de l'ame du monde.

　　Nous avons déjà observé dans le préambule de cet écrit , qu'on a d'abord regardé
le monde comme une vaste machine ; ensuite on a cru que ce grand être était
animé et vivant ; et enfin, on s'est persuadé
que cet immense animal avait une ame
distincte de son corps. La première opinion , la seule qui ne porte pas sur des
suppositions hasardées , a dû produire
des observations, et n'a pu donner lieu à
aucun culte.

　　La seconde a fait naître le culte de l'u-
nivers et de ses parties , dont les unes

composaient la cause active et mâle , ou
le principe de la lumière et du bien ; et
les autres , la cause passive et femelle ,
ou le principe des ténèbres et du mal.

La troisième hypothèse a peu changé le
fond du culte et des fables. Seulement, au
lieu de révérer les parties visibles des deux
causes agissantes dans l'univers-dieu, on
leur a attaché à chacune une portion de
l'ame universelle du monde; et ce sont ces
intelligences qui ont attiré tous les hommages. Du reste, elles ont eu absolument
les mêmes caractères et les mêmes fonctions que les parties visibles qu'elles
étaient censées régir ; et la connaissance
des faits astronomiques et physiques nous
suffira parfaitement pour expliquer leurs
aventures , leurs attributs , leurs généalogies , enfin toutes les histoires allégoriques dont elles ont été le sujet. Ainsi
les principes que nous avons posés jusqu'à présent, nous donneront la clef de
tout ce qui est relatif au monde animé
et au monde des intelligences.

Mais on ne s'en est pas tenu là. Ces intelligences étaient déjà des abstractions
personnifiées. Par une nouvelle abstrac-

H 4

tion on les a détachées des parties visibles
qu'elles régissaient; on en a composé un
monde intellectuel, qu'on a supposé être
préexistant au monde réel, et en être le
type originel. Alors il n'y a plus eu ni
bornes, ni règles pour les chimères métaphysiques, et l'étude de la nature ne
peut plus être un guide sûr dans ce dé-
dale; seulement nous apercevons de temps
en temps dans ces rêves les traces des idées
réelles qui y ont donné lieu. Ce ne sont
donc pas les fables récentes que le citoyen
Dupuis se flatte d'expliquer dans tous leurs
détails; elles ont été composées par des
hommes qui, ayant perdu le fil des anciennes idées, n'avaient conservé que des
noms d'êtres fantastiques qui ne se liaient
plus à l'ordre visible du monde. C'est le cas
des Grecs depuis Hésiode, et des Romains
à plus forte raison. Mais en portant la
lumière dans les mythologies les plus anciennes il en réfléchira un grand jour,
sur celles qui n'en sont que des enfans
dégénérés et estropiés par l'ignorance.

Ici se termine l'exposé des notions astronomiques et philosophiques nécessaires à l'intelligence des fables anciennes,

exposé qui est le sujet du second livre de
l'Ouvrage dont nous rendons compte.

Maintenant nous allons donner un
exemple de la manière heureuse dont
notre auteur explique ces fables antiques ;
et ce sera une grande preuve de la vérité
des principes qu'il a posés : car la pierre
de touche de toute théorie, est sans con-
tredit d'essayer de la mettre en pratique.

CHAPITRE V.

*Application de la méthode du citoyen
Dupuis. Explication de l'Heracleïde,
poëme sur Hercule ou sur le Soleil.*

Si le lecteur n'a pas perdu de vue la série
de cette Analyse, il se rappelle qu'après
quelques réflexions préliminaires sur l'o-
rigine des superstitions, nous avons montré
qu'on s'était toujours trompé sur la signification des anciennes fables, parce qu'on
leur avait cru un sens positif, tandis
qu'elles n'en ont qu'un allégorique ; et

qu'ensuite nous avons donné une idée
succincte des connaissances astronomiques et philosophiques qui sont les plus
nécessaires pour l'intelligence de ces allégories. Actuellement nous allons employer
ces connaissances à expliquer les fables
sur le Soleil , représenté sous le nom
d'*Hercule*.

La principale partie des aventures de
ce prétendu dieu est renfermée dans un
poëme grec intitulé l'*Héracleïde*. Athé-
née , Strabon , Pausanias et Suidas nous
apprennent qu'il fut composé par Panyasis,
Créophile et surtout par Pisandre-le-
Rhodien , des débris de poëmes plus
anciens.

La première question qui se présente
est celle-ci : verrons-nous dans Hercule
un petit prince grec , célèbre par ses vertus et par des services rendus à l'humanité , qui lui ont mérité des autels , comme
l'ont cru une foule d'historiens et d'éru-
dits , et des nations entières ? ou reconn-
naîtrons-nous avec quelques savans anciens et modernes , dans ces honneurs
rendus à Hercule, un culte adressé sous
ce nom au soleil , à l'ame de la nature, à

l'éternel Architecte, au grand Démiourgos, considéré comme dépositaire de toute la force de la nature.

Si nous prenons le premier parti, nous devons d'abord être singulièrement étonnés de la prodigieuse réputation d'un tel homme ; car nous retrouvons le culte d'Hercule depuis l'extrémité de l'orient sur les bords de l'Océan indien, jusqu'aux limites occidentales de l'Espagne, et aux régions les plus reculées du nord de l'Europe.

2°. Nous ne devons pas être moins surpris de son extrême importance ; car Hercule n'est pas seulement honoré comme un héros protégé par les dieux, et associé à leur gloire par un effet de leur bonté ; il est révéré partout comme un des plus grands dieux, et avec un tel respect chez les Romains nommément, que dans ses sacrifices il était défendu de prononcer le nom d'une autre divinité.

3°. Nous devons être bien embarrassés de tout ce qu'on lui fait faire ; car un prince qui, dès le berceau, étouffe deux serpens, qui ensuite étrangle des lions et des sangliers, qui descend aux enfers et

en ramène un grand chien à trois têtes,
qui tue des monstres à têtes et épaules
humaines et à corps de cheval, et des rois
qui ont trois corps. Un tel prince, dis-je,
est un bien singulier personnage ; et si
l'on veut que tout cela ne soit que des
événemens historiques surchargés de merveilleux, le critique le plus sagace doit
bien désespérer de démêler dans de telles
aventures, quelques traits de vérité et de
raison.

4°. La multitude de ces événemens n'est
pas moins embarrassante que leur nature ;
car il est physiquement impossible que le
même homme qu'on ne fait vivre que cin-
quante-deux ans, ait fait tant de voyages
et de conquêtes, et ait porté sa renommée
dans tant de pays différens.

5°. Enfin quand on dévorerait encore
cette invraisemblance, il n'en serait pas
moins nécessaire de supposer l'existence
de plusieurs Hercules, pour expliquer ces
récits, parce qu'il y a des rapprochemens
de chronologie qui empêchent qu'ils ne
puissent s'appliquer à la même personne.
Par exemple, on dit que l'Hydre de Lerne
et le Lion de Némée furent placés aux

cieux après avoir été vaincus par Hercule.
Ce ne peut pas être l'Hercule grec, puisque ces deux constellations portaient
constamment ces noms bien des siècles
avant le temps où on fait venir cet Hercule
aux jeux olympiques. Aussi ceux qui ont
voulu voir dans Hercule un personnage
historique, ont-ils distingué l'Hercule
tyrien, le thébain, le grec, etc. Cicéron en
compte six différens, et Varron en porte le
nombre jusqu'à quarante-quatre. Cette
manière de multiplier les êtres à volonté
pour faire cadrer les faits, prouve elle
seule l'impossibilité de les expliquer par
l'histoire. C'est ainsi, comme dit très-
bien le citoyen Dupuis, que l'on multi-
pliait autrefois les épicicles pour rendre
raison des mouvemens apparens des planètes, jusqu'à ce que Copernic les ait tous
expliqués, en montrant que ces astres cir-
culent tous autour du soleil.

Voyons si l'hypothèse qu'Hercule n'est
autre chose que le soleil, sera aussi heureuse que celle de Copernic.

Partant de cette idée avouée par Nonnus,
par Porphire et par beaucoup d'autres,
rappelons-nous qu'environ deux mille

cinq cents ans avant l'ère des chrétiens,
l'équinoxe du printemps arrivait lorsque
le soleil était dans le signe du taureau,
et par conséquent le solstice d'été au signe
du lion ; et que l'année des Egyptiens
commençait à ce solstice. Alors nous ne
serons pas surpris que le soleil solsticial
dans toute sa force, ait eu pour attributs
constans la massue et la peau de lion. Il
sera tout aussi naturel qu'on ait remarqué
à la partie opposée du ciel, des étoiles qui,
par leur coucher, annoncent le lever du
lion solsticial ; et qu'on les ait groupées
sous la figure d'un homme agenouillé pour
descendre, et la tête en bas, ayant aussi
la massue et la peau de lion, et appelé
Hercule agenouillé ou *ingeniculus*. Enfin
on aura aussi donné le nom d'*Hercule* au
serpentaire qui est auprès de lui, mais
dans une attitude opposée, et qui marque
les saisons par son lever. Ces deux
constellations sont effectivement appelées
Hercule dans les sphères les plus anciennes. Ce sont deux génies, deux Hercules
secondaires indiquant la marche du grand
Hercule ou dieu-soleil.

Maintenant voyons ce que nous dit le

poëme intitulé *Héracléide* , ou plutôt les poëmes antiques sur les débris desquels il a été composé.

Il est partagé en douze chants qui renferment chacun un des douze travaux d'Hercule , et répondent exactement aux douze mois de l'année.

Le premier est la victoire d'Hercule remportée sur le lion de Némée , c'est-à-dire le passage du soleil au signe du lion dans le premier mois de l'année solsticiale. Il est à remarquer que le signe opposé qui ouvre l'année le soir , est le verseau , consacré, comme nous l'avons vu , à Junon qui impose , dit-on , à Hercule la nécessité de fournir tous ces travaux.

Le second chant est la victoire d'Hercule sur l'hydre de Lerne ; cette hydre fameuse est l'immense constellation qui porte ce nom, et qui s'étend sous les trois signes du cancer, du lion et de la vierge. Effectivement ce n'est que dans ce second mois, lorsque le soleil a parcouru la plus grande partie du signe de la vierge , qu'il achève d'éclipser les dernières parties de l'hydre , c'est-à-dire, de la tuer; mais cette hydre

est si longue , que quand le soleil se
lève avec sa queue, sa tête commence déjà
à reparaître à minuit avec le cancer.
Aussi nous diton que l'écrevisse secourt
l'hydre contre Hercule , et que la tête
de l'hydre renaît continuellement. Ce
n'est que par le moyen du feu que le
héros la détruit ; allusion à la chaleur de
la saison : cette tête est d'or ; autre allusion à la lumière des astres que nous retrouverons à propos du bélier, de la biche
et des pommes des Hespérides. Enfin on
ajoute que cette hydre a été nourrie près du
temple de Cérès, c'est-à-dire , près de la
Vierge céleste qui s'appelait *Cérès*.

Le troisième chant est l'hospitalité
donnée à Hercule par un Centaure , un
combat entre les Centaures pour un ton-
neau de vin , et la victoire d'Hercule
sur les Centaures et sur le fameux sanglier
d'Erimanthe.

Regardons le ciel , nous verrons à ce
troisième mois le soleil entrer dans le
signe de la balance , et se lever avec le
Centaure qui est auprès d'elle, et qui commence immédiatement où finit l'hydre.
Ce Centaure, que tous les mythologues
nous

nous disent être celui d'Hercule, est peint
dans toutes les sphères avec tous les attributs de la vendange ; ce qui convient à
merveille à la saison. Ce Centaure est
toujours à l'horizon en opposition avec
Pégaze, Melanippe ou Cheval céleste ;
aussi dit-on qu'il est son père. Il paraît
être Neptune-Hipotès qui, sous la forme
d'un cheval, a de Cérès ou la Vierge céleste une fille appelée *Arion* ou *le Cheval aérien* qui est encore Pégaze. Ce même
Centaure passe pour annoncer la pluie ;
aussi fait-on tous les Centaures enfans
de Néphélé ou la Nue, qui verse des tor-
rens de pluie pour les défendre contre
Hercule. Enfin ce Centaure est représenté
comme un chasseur ; ainsi le sanglier
d'Erimanthe pourrait être l'animal qu'il
perce de son thyrse. Mais il est plus vraisemblable que c'est la grande ourse qui
marque cette époque par son lever du soir;
d'autant que cette grande ourse est souvent appelée *le porc* et qu'Ovide lui a conservé le nom de *monstre d'Erimanthe.*

Quatrième chant. Hercule prend, sur le
bord de la mer où elle se reposait, une biche
aux cornes d'or et aux pieds d'airain.

I

Dans ce mois le soleil s'unit au scorpion, dont le lever est marqué par le coucher de Cassiopée, à la place de laquelle les sphères arabes marquent une biche ; nous savons ce que nous devons penser de ses cornes d'or. On nous dit qu'elle souffle le feu par ses narines ; cela doit être, puisqu'en été elle s'unit au lion brûlant par son lever du soir.

Cinquième chant. Hercule donne la chasse aux oiseaux du lac de Stymphale. Les médailles de Perinthe les fixent au nombre de trois.

Revenons au ciel. Dans ce mois le soleil parcourt le sagittaire armé d'arcs et de flèches, les paranatellons de ce signe sont les constellations du vautour, de l'aigle et du cygne, trois oiseaux qui sont sur les bords de la voie lactée, laquelle ressemble très-bien à une rivière, et en porte le nom dans beaucoup de sphères ; et pour que rien n'y manque, on disait que ces oiseaux avaient le cou alongé comme l'Ibis, mais le bec plus fort, et sur les médailles il y en a qui ressemblent beaucoup au cygne.

Ajoutons que le sagittaire est le signe

auquel préside Diane , la déesse de la
chasse , et que c'est dans le temple de
Diane stymphalide que l'on voyait les re-
présentations de ces oiseaux et que l'on
célébrait des fêtes à ce sujet , comme
nous avons vu l'hydre et ses fêtes près du
temple de Cérès ou de la Vierge céleste :
rien ne manque à la perfection de cette
explication.

Sixième chant. Hercule nettoie les étables
d'Augias , fils du soleil suivant les uns , et
de Neptune suivant les autres. Pour cela
il y fait couler les eaux ou du fleuve Pénée,
ou du fleuve Alphée, sur les bords duquel
se célébraient les jeux olympiques.

Le vrai est que le soleil est dans le signe
du capricorne ou dans l'étable du bouc
céleste ; que le capricorne se couche avec
le poisson austral, où se termine le fleuve
qui sort de l'urne du verseau; et que l'u-
nion de ce capricorne avec le poisson l'a
fait peindre à queue de poisson et appeler
fils de Neptune. On fait quelquefois cet
Augias fils du soleil ; aussi fait-on le capricorne sous le nom de *Pan* et d'*Egipan*,
petit-fils de cet astre. Fait-on Augias , fils
de la Nuit ? cela s'explique par les longues

I 2

nuits de cette saison, le solstice d'hiver.
Le fait-on fils d'Epoché, ou le terme?
c'est qu'il est le dernier des signes descendans : enfin lui donne-t-on pour père
Phorbas? c'est un des noms du serpentaire, à la suite duquel il se couche toujours. Le ciel nous donne toutes ces généalogies et plusieurs autres que je supprime, qui seraient absurdes et contra-
dictoires sur la terre.

Septième chant. Hercule arrive en Elide, monté sur le cheval Arion ; il amène
avec lui le fameux taureau de Crète et de
Marathon; il fait célébrer les jeux olympiques ; il tue le vautour de Prométhée.

Voilà la fable imaginée par le poëte ;
voyons ce qui y a donné lieu. Je vois
en janvier le soleil dans le verseau près
duquel est Pégase, se coucher en même
temps que le vautour céleste et l'Hercule-
Ingeniculus, qui est auprès, et qui a
souvent été appelé *Prométhée ;* et cette
position amène au méridien le fameux
taureau d'Europe, de Marathon et de
Crète; car il a eu tous ces noms. Aussi
n'est-il pas dit que ce taureau fut tué
comme le vautour, mais seulement amené

à Euristhée. Il jetait des flammes par la
gueule et les naseaux ; cela doit être de
l'astre de l'équinoxe du printemps où
le soleil reprend toute sa prépondérance
sur le principe des ténèbres. Voilà donc
le vautour tué, le taureau subjugué, et
la monture d'Hercule, à son arrivée en
Elide, retrouvés au ciel. Mais Hercule a
institué les jeux olympiques ; c'est que
ces jeux se célébraient au solstice d'été,
quand la lune est pleine dans le signe du
verseau, d'où datait la période olympique,
aussi la lune a été appelée *Olympias.*
Comme le verseau a été appelé *Deucalion,*
on a imaginé le déluge de Deucalion ; et
c'était dans le temple de Jupiter olympien
et dans celui de Junon qui préside au
verseau, qu'on montrait des trous par où
s'étaient écoulées toutes les eaux de ce
déluge.

Huitième chant. Hercule fait la con-
quête des chevaux de Diomède, fils de
Cirène.

Traduisons cela. Quand le soleil entre
dans les poissons, Pégaze et le petit cheval
qu'on lui adjoint se lèvent héliaquement :
aussi Hercule ne tue pas ces chevaux ; il

I 3

les amène à Euristhée? à qui les prend-il?
à Diomède, fils de Cirène, laquelle Cirène
est aussi mère d'Aristhée ou de l'homme
du verseau. Qu'en fait Euristhée? il les
donne à Junon qui préside au verseau.
Ainsi tout cela tient aux signes du verseau et des poissons qui se touchent.

Neuvième chant. Hercule s'embarque
avec les Argonautes pour aller à la con-
quête de la toison d'or , la même que
Phrixus avait consacrée à Mars. Il combat
des femmes guerrières, filles de Mars, auxquelles il enlève une belle ceinture. Il dé-
livre une jeune fille exposée à un monstre
marin.

La fameuse toison consacrée à Mars est
évidemment le signe du bélier dans lequel
entre le soleil dans ce mois , et auquel
Mars présidait. Son vaisseau est le navire
Argo qui achève de se lever au coucher
du soleil. Andromède et Cassiopée suivent
Pégaze dans le ciel : elles se lèvent et se
couchent avec le bélier consacré à Mars.
La ceinture d'Andromède est très-belle ;
voilà les Amazones. La baleine se joint
à ces constellations ; voilà le monstre.
Tantôt c'est Andromède qui y est exposée ;

tantôt c'est Hercule qui est avalé par lui
et en ressort tout épilé. Effectivement ,
le soleil à l'équinoxe est représenté par
un jeune homme sans barbe. Plusieurs
fictions se confondent ; mais leur type est
au ciel , et se rejoint à celui des aventures
précédentes.

Dixième chant. Hercule après l'expé-
dition de la toison d'or va en Hespérie
conquérir des bœufs , c'est-à-dire , qu'en
quittant le signe du bélier , il entre dans
celui du taureau. Ces bœufs appartenaient
à Gérion qui avait trois corps. Nous voyons
effectivement la constellation du bouvier
qui se couche pendant que le taureau se
lève avec le bélier et le cocher dont la
chèvre et les chevreaux font partie. La
sphère indienne représente le bouvier avec
des parties d'homme, de chèvre et de bélier. C'est un rapprochement des trois
paranatellons du taureau, desquels l'un
descend au couchant dans la mer de l'Hespérie, pendant que les deux autres mon-
tent à l'orient. Il tue un prince cruel qui
poursuit les Atlantides : le poëte l'appelle
Busiris, fils de Neptune : Théon le nomme
Orion, fils de Neptune : il n'y a que le nom

I 4

de changé. Les Pleyades ou Atlantides sont
sur le front du taureau céleste , et Orion
les suit toujours. Hercule arrive en Italie
au lever des Pleyades : le fleuve Eridan est
bien sous le taureau et les Pleyades. Faune
ou Pan est le mari de la chèvre céleste.
C'est dans ce temps qu'Hercule est censé
fonder Thèbes en Egypte , et c'est aussi
dans ce temps , au lever du taureau , que
Nonnus nous dit que Cadmus ou le serpentaire , appelé aussi *Hercule* , et qui
se lève quand le taureau se couche , fonda
Thèbes en Béotie, à l'endroit où se reposa
le taureau d'Europe : c'est toujours le
même taureau et la même histoire renouvelée. L'Hercule égyptien, avant de fonder
sa ville , avait tué en Italie Cacus ou le
mauvais , et purgé la Crète de tous les
animaux venimeux, des ours, des loups,
enfin de toutes les productions du mauvais principe. Lorsque Cadmus fonda la
sienne, Jupiter venait de détruire Typhon
ou le mauvais principe : c'est dans les deux
cas , le soleil qui reprend la supériorité
sur les ténèbres à l'équinoxe du printemps. Ce moment étant un des plus observés par les anciens , est un de ceux

qui fournit le plus d'applications. Je
passe encore bien des détails : ils s'expliquent tous aussi parfaitement ; mais je
crois ceux-ci suffisans.

Onzième chant. Passons au onzième
travail. Hercule triomphe d'un chien affreux, qui a une queue de serpent et la
tête hérissée de serpens, qu'il trouve aux
enfers et qu'il amène à la lumière. Dans
la partie méridionale du ciel, appelée
inférieure ou *infera*, est le grand chien.
Cette constellation, ainsi que le petit
chien et la tête de l'hydre qui le touche
et lui donne toutes les formes de serpens,
est en effet absolument absorbée dans la
lumière du soleil, quand il est aux gémeaux avec lesquels elle se lève et se
couche. Hercule combat Cycnus ; le cygne
céleste se lève le soir au coucher des
gémeaux ; c'est ce qui a fait dire aussi que
Jupiter, sous la forme de cygne, était
leur père.

Douzième chant. Enfin le dernier des
travaux de l'infatigable Hercule est d'aller
en Hespérie enlever des brebis ou des
pommes d'or que garde un énorme dragon, qu'on nous dit être celui du pôle.

On nous dit aussi qu'Atlas qui porte le
pôle , aida Hercule dans cette entreprise.
Aussi voyons-nous près du pôle le dragon
qui suit toujours Hercule Ingeniculus :
tous deux ont pour attributs des branches
de pommiers , parce qu'ils se lèvent avec
les signes d'automne , et Ingeniculus se
couche quand le soleil se lève avec le
cancer ; voilà l'origine de la fiction des
pommes. S'agit-il de brebis? nous voyons
près du même dragon , Céphée que l'on
peint souvent comme un berger avec son
chien et ses moutons , et qui se lève quand
le cancer se couche.

Là finit la carrière d'Hercule. Il veut
faire un sacrifice : il se revêt de la robe
d'un centaure qu'il a tué près d'un fleuve.
Cette robe lui donne la mort. Junon se
réconcilie avec lui , lui accorde l'immortalité , et lui donne pour femme Hébé ,
déesse de la jeunesse , qui versait à boire
aux dieux.

Traduisons toujours ces récits en aspects
célestes. L'année solsticiale finit au coucher
du cancer. Dans le même temps se couche
le centaure et son autel ; et se lève le verseau et son fleuve. Le verseau est le signe

consacré à Junon : il est aussi appelé *Ga-
nimède*, échanson des dieux, et son fleuve,
le *Nectar*. Le lendemain l'année renaît
toute jeune pour être immortelle ; et cette
époque est fixée par l'Hercule Ingeniculus
qui se couche quand le lion se lève, comme
nous l'avons vu en commençant.

Voilà bien toute la fiction et tous ses
élémens ; tous les chants du poëme, et
tous les mois de l'année ; toute la suite
des travaux, et tout l'ordre des saisons.
La correspondance est parfaite. Il est bien
difficile de croire qu'elle soit fortuite. Je
supprime donc sans scrupule beaucoup
d'autres explications aussi satisfaisantes,
et je pense qu'en voilà assez pour prouver
que toute la légende d'Hercule est bien
réellement l'histoire du soleil et rien
autre chose.

Il suit de là nécessairement que tous les
parens, les amis d'Hercule, et les héros
avec lesquels et contre lesquels il combat,
n'ont pas plus de réalité que lui. Or nous
le voyons délivrer Hésione, fille de Lao-
médon et sœur de Priam, s'embarquer
avec les Dioscures frères d'Hélène et avec
Jason, enlever les chevaux de Diomède,

subjuguer le taureau de Pasiphaé fille
de Minos, tuer le vautour de Prométhée, etc. Nous sommes donc forcés d'en
conclure que tous ces personnages, le
siége de Troye et tous ses héros n'ont jamais existé que dans l'imagination des
poëtes ; que ce sont des allégories dont
nous avons perdu le fil ; que la longue
croyance de nations entières ne prouve
rien quand il s'agit de fictions théologiques ; que jusqu'à présent nous avons très-
mal compris l'antiquité, et que c'est à
tort que nous avons laissé dans le do-
maine de l'histoire tout ce qu'on appelle
les temps fabuleux. Une réflexion fort
simple contribuera encore à faire voir
combien cette conclusion est juste ; et fera,
peut-être disparaître ce qu'elle a de ré-
voltant pour les opinions auxquelles nous
sommes habitués, ou du moins nous ai-
dera à les surmonter.

Remarquons, 1°. que ces anciens poëmes
sur lesquels a été écrite l'Héracleïde, ont
dû être composés en Grèce ; car les noms
des lieux et tous les détails géographiques
le prouvent à tous momens ;

2°. Qu'ils ont été écrits dans un temps

éclairé ; car ils sont pleins d'une véritable connaissance des mouvemens célestes ;

3°. Qu'ils ne peuvent pas être moins anciens que deux mille cinq cents ans avant l'ère vulgaire , puisqu'ils se rap-portent au temps où l'équinoxe était au taureau ; tandis qu'au contraire on ne fait guère vivre Homère que huit cent cin-quante ans avant cette ère ; et que tout nous prouve que de son temps les sciences et même les arts les plus communs étaient dans une enfance grossière.

Or ne devient-il pas très-possible et même très-probable , que dans ce long espace de seize cents ans, des événemens physiques ou politiques ont pu ramener des siècles d'ignorance et de barbarie ; qu'on aura perdu la trace des anciennes connaissances, qui n'étaient peut-être dé-posées qu'entre les mains des prêtres, et consignées que dans des peintures hiéro-glyphiques ; qu'à la renaissance des lettres du temps d'Homère et d'Hésiode, on aura renouvelé et rajeuni ces anciennes tradi-tions , en les prenant à la lettre faute d'en comprendre le sens ; et que par la même raison elles se seront perpétuées , altérées

et reproduites sous mille formes jusqu'à
nos jours.

Cette supposition nous ramène à l'existence d'un siècle éclairé, antérieur à tous
les temps dont nous avons mémoire, vérité dont l'étude nous fournit à chaque
pas des indices. Elle nous explique aussi
comment cette langue grecque, si admirable, nous paraît tout d'un coup dans sa
perfection, dès qu'on commence à l'écrire.
Rien n'est plus simple, si elle a été anté-
rieurement parlée par un peuple poli. Ces
circonstances ajoutent beaucoup à la vraisemblance de notre conjecture ; car le
propre de toutes les vérités est de se prêter
un appui réciproque. Ainsi l'époque où
nous vivons serait la troisième dans laquelle les lumières auraient brillé ; et
entre ces trois époques il aurait existé
deux longs intervalles de barbarie, fâ-
cheuse intermittence, dont peut-être l'imprimerie seule peut empêcher le retour.
Quoi qu'il en soit, je crois qu'après
l'analyse que nous avons donnée de la
théorie du citoyen Dupuis, et l'application que nous venons d'en faire, il est
impossible de nier que c'est dans le ciel

qu'il faut chercher l'explication de toutes
les fables mythologiques ; c'est ce qu'il
fallait démontrer.

Après Hercule, notre auteur passe en
revue l'histoire et le culte d'un nombre
infini de divinités anciennes de toutes
espèces, depuis les intelligences censées
pures jusqu'aux animaux, aux plantes et
même aux simples statues ; et il montre,
comme il l'a fait pour Hercule, que tous
les récits de leurs aventures et de leurs
miracles ne sont que des expositions allégoriques, des opinions astronomiques,
physiques et métaphysiques des anciens,
allégories qui ont pour premier type les
figures hiéroglyphiques, par lesquelles
on a désigné originairement les constellations et les planètes. Nous ne le suivrons
pas dans ces détails intéressans autant que
curieux ; nous nous bornerons à l'échantillon que nous en avons donné. Nous
allons tout de suite voir l'usage qu'il fait
de sa méthode pour rendre raison de superstitions plus récentes.

CHAPITRE VI.

Du culte du Soleil sous le nom de Christ.

En parcourant seulement le chapitre
précédent, le plus prévenu de nos lecteurs sera sans doute convaincu que le
récit des douze travaux d'Hercule n'est
autre chose que l'histoire du soleil au
solstice dans le signe du lion , et de tout
ce qu'il rencontre dans les cieux pendant
le cours de l'année. Si les bornes de
cette Analyse nous permettaient de donner
ici le précis des aventures de Bacchus,
d'Osiris, d'Atis , d'Adonis, de Mithra ,
de Jason , de Thésée, etc. etc. on recon-
naîtrait de même , non sans surprise , que
sous tant de noms différens , c'est toujours
le soleil que l'on voit et le retour des
saisons que l'on chante , et l'on verrait
qu'Isis , Cybèle, Vénus, Cérès, cherchant,
pleurant et retrouvant l'objet de leur at-
tachement, ne sont que la Vierge des signes,
                                    mère

mère du soleil du printemps, qui effectivement a porté tous ces noms dans les sphères
anciennes. L'esprit préoccupé par des préjugés se refuse d'abord à cette vérité ;
puis il s'y accoutume peu-à-peu , et il
finit par la goûter. Après tout, ces fables
sont si anciennes et si absurdes, les hommes qui les prenaient au sérieux sont si
loin de nous, nous semblent si ridicules,
que ce n'est pas un grand effort que de
convenir de leur vraie signification, quand
elle se montre avec évidence. Mais le
Christianisme est si près de nous , nous
y avons été élevés , il règne encore sur la
partie la moins éclairée de tout ce qui
nous environne , il paraît avoir si peu de
rapports avec ces brillantes fictions : comment se persuader que Christ aussi n'est
qu'un être fantastique , qu'une des mille
métamorphoses du dieu-soleil ? L'imagination se révolte à la seule idée de ce
paradoxe. Voyons s'il est difficile de le
rendre , je ne dis pas seulement vraisemblable , mais impossible à nier.

Toute la religion chrétienne porte sur
deux points , la chute de l'homme dans
le paradis terrestre , ou l'introduction du

mal dans le monde par le serpent dans
la saison des fruits , et la rédemption du
genre humain, ou la renaissance au bonheur par l'agneau réparateur au temps
de la Pâque : ces deux choses sont corré-
latives. S'il n'y a pas eu de chute , il n'y
a pas de rédemption ; si le mal introduit
est d'un certain genre , la réparation est
de même nature. Examinons donc l'œu-
vre des six jours et les évangiles ; et
voyons ce que nous indiquent ces récits.
Commençons par Moïse.

Il nous dit : au commencement Dieu
créa le ciel et la terre ;

Au second jour il fit le firmament qu'il
appela *le ciel* ;

Au troisième jour il rassembla les eaux ,
et fit la mer ;

Au quatrième jour il fit les corps de
lumière qui sont dans le ciel , et les deux
grands flambeaux qui président l'un au
jour , l'autre à la nuit ;

Au cinquième jour il fit les reptiles ,
les oiseaux, les poissons et tous les animaux qui ont la vie et le mouvement ;

Au sixième jour il fit l'homme ;

Puis il nous raconte comment , à partir de ce sixième jour , le mal s'est introduit dans le monde par la célèbre aventure de la fatale pomme.

Si nous raisonnons sur Moïse comme sur l'auteur de l'Héracléïde , et il n'y a pas de raison pour n'en pas user de même , assurément nous dirons bien avec le cit. Dupuis : « Tout choque dans ce récit par
» l'invraisemblance , l'idée d'un Dieu ,
» c'est-à-dire , d'un être par sa nature
» invisible à l'œil , incompréhensible à
» l'esprit , qui se promène dans un jar-
» din ; celle d'une femme qui fait la con-
» versation avec un serpent , l'écoute par-
» ler et en reçoit des conseils ; celle d'un
» homme et d'une femme organisés pour
» se régénérer , et cependant destinés à
» être immortels et à produire à l'in-
» fini d'autres êtres immortels qui se
» reproduiront aussi et se nourriront des
» fruits du jardin qui va les contenir
» durant l'éternité ; une pomme cueillie
» qui va devenir le crime de tant de mil-
» lions d'hommes qui n'y ont eu aucune
» part , et qui ne sera pardonné que quand

K 2

» les hommes se seront rendus coupables
» du plus grand des forfaits , d'un déicide,
» s'il était possible qu'un tel crime exis-
» tât. La femme depuis cette époque
» condamnée à engendrer avec douleur ,
» comme si les douleurs de l'enfantement
» ne tenaient pas à son organisation , et
» ne lui étaient pas communes avec tous
» les autres animaux qui n'ont pas goûté
» de la pomme fatale ; le serpent forcé
» de ramper , comme si le reptile sans
» pieds pouvait se mouvoir autrement ;
» tant d'absurdités et de folles idées
» réunies dans un ou deux chapitres de
» ce livre merveilleux , ne peuvent être
» admises comme histoire. »

Nous redirons les mêmes choses et beaucoup d'autres semblables avec Origènes ;
et nous ajouterons avec lui, que nul homme de bon sens ne se persuadera jamais
qu'il y ait eu un premier, un second, un
troisième jour , et que ces jours-là aient
eu leur soir et leur matin , sans qu'il y
eût encore ni soleil, ni lune , ni étoiles ;
et nous observerons en outre , qu'il est
assez singulier que la fin de toute cette
histoire soit de faire sentir à l'homme

le besoin de se vêtir et de labourer.

Il faut donc, comme l'ont pensé les plus savans Rabbins, beaucoup de Pères de l'Eglise, et les sectes les plus anciennes et les plus éclairées des religions juives et chrétiennes, chercher à tout cela un sens allégorique ; et de plus, la remarque d'Origènes prouve qu'on ne peut prendre le mot *jour*, dans ce cas, suivant sa signification précise. Aussi voyons-nous que la Genèse des anciens Toscans, citée par Suidas, dit exactement la même chose que celle des Hébreux sur les six jours ; mais seulement emploie l'expression de *mille* ; et par-là se rapproche de celle des Mages. Ce trait de lumière joint à la réflexion très-simple que la petite nation juive, nouvelle et ignorante, a tout emprunté des Caldéens et des Assyriens, à qui elle a été continuellement soumise, nous indique que la Genèse hébraïque ne peut être qu'une imitation grossière de celle des Mages ; et mille traits de ressemblance en sont la preuve.

Or rien n'est plus connu que la théorie de ces anciens adorateurs du feu et du soleil, sur les combats d'Ormusd, principe

K 5

du bien et de la lumière , créateur du monde, contre Ahriman ou Pethiaré, principe du mal et des ténèbres , jaloux et ennemi de son ouvrage.

Si nous ouvrons leurs livres , l'allégorie s'y manifeste ; ou plutôt nous y voyons clairement que toute cette cosmogonie n'est que l'histoire du soleil et du cours de l'année. Ils nous disent que le temps est de douze mille ans , que les mille de Dieu comprennent l'agneau, le taureau, les gémeaux , le cancer , le lion , et l'épi ou la vierge ; que pendant ces six mille où la vierge fut très-heureux ; qu'au septième mille , sous la balance sur laquelle est placé le serpent céleste , le mal parut , et l'homme commença à labourer. Et cela arriva parce que Pethiaré-Ahriman , plein de mort , produisit dans le fleuve la grande Couleuvre , mère de l'Hiver, qui répandit le froid dans l'eau , dans la terre et dans les arbres , en se fesant un chemin entre le ciel et la terre , c'est-à-dire , en montant sur l'horizon. Cette grande couleuvre, ils l'appellent l'*astre-serpent*, *le serpent céleste* , *le serpent d'Ève*. Il porte tous ces noms dans les sphères persique et arabe.

Le jardin où l'homme était si heureux,
ils le nomment *Eiren*, qui, avec une
très-légère inexactitude dans les caractères, fait *Eden*. Ils lui donnent la même
situation que les Hébreux ; on y retrouve
jusqu'à trois de leurs quatre grands fleuves.
Nous ne multiplierons pas davantage ces
citations ; il nous paraît qu'elles suffisent
pour démontrer que l'histoire de la chute
de l'homme est une fable solaire. Voyons
celle de la rédemption.

La réparation de tant de maux s'opère,
suivant les chrétiens, par le moyen d'un
Dieu qui naît d'une Vierge le 25 décembre,
à l'heure de minuit, et triomphe précisément à la même heure, trois mois après,
le 25 mars ; car c'était exactement à ce
moment qu'était placée, dans l'origine,
la fête chrétienne de la Pâque ou du
Passage. C'est aussi à ces deux instans de
l'année, que des fêtes analogues à celles-
là, étaient célébrées par les sectateurs de
différentes religions, que nous confon-
dons très-mal-à-propos sous le nom ridicule de *payens*. Le citoyen Dupuis a montré
que ces divers cultes étaient toujours celui
du soleil sous des noms différens. Ici, il

K 4

fait voir que celui de Christ a absolument
les mêmes caractères ; et cela doit être ,
puisque le mal que ce rédempteur est destiné à réparer, n'est que le mal causé par l'arrivée de l'hiver et l'absence de la lumière
et de la chaleur. Aussi il ne se trouve dans
cette nouvelle allégorie , presqu'aucune
circonstance qui ne se soit déjà présentée
plusieurs fois dans celles dont elle n'est
qu'une imitation. Nous ne pouvons donner
ici tous ces rapprochemens. Le peu d'étendue de cette Analyse nous prive de la plus
grande partie de nos preuves, et de la
clarté qu'aurait répandue sur elles l'exposition détaillée des cultes d'Atis , d'Adonis , de Bacchus, d'Osiris , et surtout de
Mithra , si nous avions pu nous la permettre. Mais pour faire sentir combien
l'histoire de Christ convient au soleil ,
nous remarquerons d'abord, qu'il est toujours appelé l'*agneau de Dieu* ; que c'est
sous ce symbole qu'il est encore présenté à
l'adoration des croyans, et que même ce
n'est qu'au bout de près de 700 ans qu'il
fut ordonné de le représenter par un
homme sur une croix. Or ce dieu-agneau
est le soleil du printemps , dans le temps

où l'équinoxe venait au signe du bélier,
appelé l'*agneau* dans la sphère des Perses.
Ce soleil de l'agneau est naissant aussi
le 25 décembre à minuit ; et si l'on veut
regarder la sphère pour tirer son horoscope suivant toutes les lois de l'astrologie
ancienne, on verra qu'à cet instant il est
au signe du capricorne dans l'étable d'Augias, fils du Soleil, pendant qu'au haut
du méridien on voit l'âne de Bacchus et
la crèche.

Il est suivi de l'homme du verseau, ou le
chérubin de S. Marc, et précédé de l'aigle
de S. Jean; et dans l'hémisphère supérieur
on trouve le taureau ou bœuf de S. Luc
et le lion de S. Mathieu, distans de trois
signes les uns des autres.

Au point d'orient ou à l'horoscope se
lève la Vierge céleste, immaculée, représentée tenant un enfant naissant, appelée
Isis, *Cérès*, et même dans la sphère persique, *mère de Christ et de Jésus.* Elle a
sous ses pieds le dragon, le fameux serpent
qui semble la poursuivre comme dans
l'Apocalypse et la Genèse; et tout auprès
d'elle, le Bootés ou le nourricier d'Horus,
qui figure bien Joseph.

A côté de celui-ci est l'étoile Janus avec la barque qui a servi à caractériser Janus, chef des douze mois, et S. Pierre, chef des douze apôtres; car tous deux sont représentés avec une barque et des clefs.

Sur la même ligne à l'horizon, on voit l'étoile Stephanos, premier paranatellon, dont on on a fait S. Etienne, premier témoin que l'on fête le lendemain de Noël; et comme l'aigle de S. Jean le suit, la fête de S. Jean l'évangéliste vient le jour d'après.

Pendant ce temps-là, le fameux agneau réparateur, l'agneau de la Théophanie, de la manifestation de Dieu, dont le fils de la Vierge doit prendre la forme au jour de sa gloire, c'est-à-dire, dans le signe duquel il doit être trois mois après au jour de l'équinoxe, est au point du couchant.

Au-dessus de lui il a Orion qui renferme les trois belles étoiles que le peuple appelle encore aujourd'hui *les trois rois mages*, qui ont vu son étoile non pas en orient, comme on l'a dit, mais à l'orient; et Zoroastre avait prophétisé que cette étoile devait représenter une jeune vierge.

C'est bien elle qui y est effectivement dans
ce moment. Aussi viennent-ils apporter à
son fils les trois espèces de présens qui
sont consacrés au soleil de temps immé-
morial. Aussi fête-t-on l'assomption de
cette Vierge mère de Dieu , sa réunion à
son fils au mois d'août dans le moment où
il l'enveloppe de ses rayons, et sa nativité
quinze ou vingt jours après , dans celui
où elle commence à s'en dégager héliaquement.

Ajoutez à tout cela qu'au temps de
Pâques , Gabriel donne le salut à Marie,
comme autrefois Osiris donnait la fécondité à la Lune, et qu'après bien des la-
mentations , calquées sur toutes celles qui
avaient lieu dans les autres cultes du
Dieu-Soleil , viennent les fêtes joyeuses
imitées des anciennes *hilaries*, dans lesquelles on multiplie les flambeaux , on
allume le cierge pascal ; les prêtres s'ha-
billent de blanc, couleur consacrée au
dieu du jour : on ne parle que du triomphe
de la lumière qui vient éclairer et ranimer
le monde ; on renouvelle tout dans les
temples , jusqu'à l'eau lustrale ; enfin , on
chante et on célèbre la renaissance uni-

verselle, qui est celle de l'année, opérée par l'agneau égorgé depuis l'origine du monde; *occisus ab origine mundi.* Enfin, aujourd'hui l'évêque de Jérusalem s'enferme, tous les ans, dans le lieu qu'on croit être le tombeau de Jésus; y produit une grande explosion de lumière; et en sort, en criant que le feu céleste y est descendu, et en distribuant aux dévots des milliers de petites bougies que ce feu est censé y avoir allumées.

Observez encore que le dimanche des chrétiens, le jour de leur seigneur, est le jour du soleil; et qu'en priant dans leurs temples, ils se tournent toujours vers l'orient, comme Zoroastre le recommandait à ses disciples.

Si tant de conformités peuvent paraître un effet du hasard, si elles ne convainquent pas nos lecteurs qu'il ne s'agit, là comme ailleurs, que du dieu-soleil, nous avons peu à regretter de ne pouvoir en accumuler ici un plus grand nombre. Cependant le citoyen Dupuis ne s'y borne pas même dans son abrégé. Il montre que depuis le passage de la mer Rouge, jusqu'au miracle des noces de Cana, et à la

tête de Saint Denis, qui voyage détachée
de son corps, il n'y a rien de merveilleux
dans nos tristes légendes, qui n'ait son
modèle dans les fables anciennes ; et pour
achever d'ôter aux chrétiens le mérite de
l'invention sur tous les points, il retrouve
dans l'ancienne philosophie tous leurs
dogmes, l'unité de Dieu, la trinité, la
troisième personne procédant de la première et de la seconde, et jusqu'aux deux
natures de cette seconde personne ; et
dans l'ancienne théologie, la chute des
anges, l'incarnation, le baptême, la pé-
nitence, l'eucharistie, et sa consécration
avec des paroles mystiques, les excommu-
nications, les onctions, les signes, et
jusqu'à la hiérarchie et aux moindres
cérémonies des Chrétiens.

Après tant de ressemblances, on ne doit
pas s'étonner que les Manichéens, sec-
taires chrétiens, qui n'avaient pas perdu
de vue la doctrine des anciens mages,
aient pensé que Christ et le soleil sont la
même chose, et que les Gnostiques et les
Basilidiens les plus savans, et presque
les plus anciens des hérétiques, eussent
conservé beaucoup de traits qui décèlent
l'identité de ces deux cultes.

Nous devons encore moins être surpris
que l'empereur Adrien appelât les chrétiens les adorateurs de Sérapis ou du soleil ; et que beaucoup de savans anciens
les regardassent comme une secte de la
religion des mages. Enfin nous voyons
clairement pourquoi tant de pères de l'é-
glise ont écrit que le diable avait donné
aux hommes une connaissance anticipée
de leur religio : pour les égarer : pourquoi
les premiers moines qui, dans le moyen
âge, ont pénétré dans l'intérieur de l'Asie,
se sont persuadés, à la vue du culte de ce
pays, que le christianisme y avait été prê-
ché : et pourquoi, encore aujourd'hui en
orient, deux sectes chrétiennes, les Jezi-
déens et les Sheïnsi, passent pour adorer
le soleil.

Veut-on des exemples plus plaisans de
la facilité avec laquelle nos devanciers se
proposaient des objets de vénération,
sans trop s'informer où ils les prenaient,
ni s'expliquer ce qu'ils signifiaient ? Nous
ne pouvons que transcrire le passage suivant : « Les Grecs honoraient Bacchus,
» sous le nom de *Dionysos* ou Denis : il
» il était regardé comme le chef ou le

» premier auteur de leurs mystères, ainsi
» qu'*Eleuthère*. Ce dernier nom était aussi
» une épithète qu'ils lui donnaient, et
» que les Latins ont traduit par *Liber*;
» on célébrait en son honneur deux fêtes
» principales, l'une au printemps, l'autre
» dans la saison des vendanges. Cette
» dernière était une fête rustique, et cé-
» lébrée dans la campagne ou aux champs;
» on l'opposait aux fêtes du printemps,
» appelées fêtes de la ville, ou *Urbana*.
» On y ajouta un jour en l'honneur de
» Démétrius, roi de Macédoine, qui te-
» nait sa cour à Pella, près du golfe de
» Thessalonique. Bacchus était le nom
» oriental du même dieu. Les fêtes de
» Bacchus devaient donc être annoncées
» dans le calendrier payen, par ces mots:
» *Festum Dionysii*, *Eleutherii*, *Rustici*:
» nos bons aïeux en ont fait trois saints,
» Saint-Denis, Saint-Eleuthère, et Saint-
» Rustique, ses compagnons. Ils lisaient
» au jour précédent, *fête de Démétrius*:
» ils ont placé, la veille de Saint-Denis,
» la fête de Saint-Démétrius, dont ils ont
» fait un martyr de Thessalonique : on
» ajoute que ce fut Maximien qui le fit

» mourir, par une suite de son désespoir
» de la mort de *Lyæus*, et *Lyæus* est en-
» core un nom de Bacchus. On plaça, la
» surveille, la fête de Saint Bacchus, dont
» on fit aussi un martyr d'Orient. Ainsi ,
» ceux qui voudront prendre la peine de
» lire le calendrier romain, ou le bref
» qui guide nos prêtres dans la commé-
» moration des saints et la célébration
» des fêtes, y verront au 7 octobre ,
» *fest. S. Bacchi*, au 8 , *fest. S. Deme-*
» *trii*, et au 9 , *fest. SS. Dionysii, Eleu-*
» *therii et Rustici* . . . .
» Bacchus épousa le Zéphyr ou le vent
» doux, sous le nom de la nymphe *Aura.*
» Eh bien ! deux jours avant la fête de
» Denys ou de Bacchus , on célébra celle
» d'*Aura placida* ou le Zéphyr , sous le
» nom de sainte Aure et de sainte Placide.
» C'est ainsi que la formule de souhaits,
» *perpetua felicitas*, donna naissance à
» deux saintes, Perpétue et Félicité, ou
» *félicité durable*, que l'on ne sépare pas
» dans l'invocation ; que prier et donner,
» ou *rogare et donare*, devinrent saint
» Rogatien et saint Donatien, qu'on ne
» sépare pas plus que sainte Félicité et
                                    » sainte

» sainte Perpétue. On féta ensemble sainte
» Flore et sainte Luce, ou lumière et
» fleur. Sainte Bibiane eut sa fête à l'épo-
» que où les Grecs faisaient l'ouverture
» des tonneaux, ou la cérémonie des pi-
» thoégies : sainte Apollinaire, quelques
» jours après celle où les Romains célé-
» braient les jeux apollinaires. Il n'y a
» pas jusqu'aux ides du mois, qui ne
» soient devenues une sainte, sous le
» nom de sainte Ides. La vraie face ou
» l'image du Christ, *vera Eicon* ou *Ico-*
» *nia*, devint sainte Véronique.

» La belle étoile de la couronne, *Mar-*
» *garita*, placée sur le serpent d'Ophiu-
» chus, se changea en sainte Marguerite,
» sous les pieds de laquelle on peint un
» serpent ou un dragon; et on célèbre sa
» fête peu de jours après le coucher de
» cette étoile.

» On féta aussi saint Hippolyte traîné
» par ses chevaux, comme l'amant de
» Phèdre ou le fils de Thésée. On dit
» que les restes, ou les ossemens de ce
» dernier furent transportés de l'île de
» Scyros à Athènes, par Cimon. On sa-
» crifia à ces prétendues reliques, comme

L

» si c'eût été Thésée lui-même qui fût re-
» venu dans cette ville. On répéta cette
» solemnité tous les ans, au 8 novembre.
» Notre calendrier fixe au même jour la
» fête des saintes reliques. »

On pourrait citer bien des méprises de
ce genre, et entr'autres, celle de l'année,
qui s'appelait *Anna* chez les Romains,
qu'ils avaient personnifiée, sous le nom
d'*Anna perenna*, et dont on a fait sainte
Anne, mère de la Vierge Marie, dont, à
bon droit, elle pourrait passer pour la
petite fille; puisque la Vierge est la mère
du soleil.

Pour peu qu'on réfléchisse sur tout ce
qui précède, je crois que l'on conviendra
que naguère encore, Paris était réellement par-Isis, ou la ville d'Isis, c'est-
à-dire, de cette déesse de Saïs, qui disait
elle-même qu'elle était la mère du Dieu-
soleil, et en l'honneur de laquelle on célébrait la fête des lumières, le modèle de
notre chandeleur, on trouvera tout simple
que, sur la porte de Notre-Dame, on ait
représenté toute l'histoire du soleil, les
signes du zodiaque, et le domicile des
planètes; et sans doute l'on approuvera

que le sculpteur, au lieu de mettre tout
simplement la vierge céleste à son rang,
comme les autres, ait laissé sa case vuide,
et l'ait représentée elle-même avec son
enfant à la place d'honneur, au haut du
cintre de la porte; car assurément elle
est bien la dame du lieu. Cependant on
ne doit peut-être pas tirer de grandes in-
ductions de ce dernier fait; mais il est
assez singulier pour mériter d'être remarqué.

Ici il se présente une question. Quoique
la religion dite chrétienne soit bien le
culte du soleil, a-t-il jamais existé en
Judée un être, soit dieu, ou prophète,
ou philosophe, ou imposteur, appelé
Christ? Pour ceux qui ne croient ni aux
dieux incarnés, ni aux sorciers, les deux
premières suppositions sont impossibles,
et la question devient sans intérêt pour
les vrais croyans. Car c'est un dieu ou au
moins un prophète qu'il leur faut. Cependant le citoyen Dupuis discute la vraisemblance de l'existence de l'homme philosophe ou fourbe.

Il remarque que pendant près d'un
siècle aucun auteur payen n'en a parlé,

L 2

et qu'au bout de ce temps, ce qu'en ont
dit les historiens qui n'étaient pas chrétiens, se réduit à-peu-près à un passage de
Josèphe, évidemment intercalé par une
fraude dite pieuse, à un mot de Tacite,
qui voulant indiquer l'origine du nom de
chrétien, dit transitoirement qu'il vient
d'un certain Christ mis à mort sous Pi-
late, et à une opinion de Suétone qui,
en parlant des Juifs, suppose qu'ils re-
muèrent beaucoup à Rome, sous Claude,
et qu'ils étaient mus par un certain Christ,
homme turbulent, qui fut cause que cet
empereur les chassa de Rome. La faiblesse
de ces témoignages montre à notre auteur combien cet homme si merveilleux
était ignoré. Ensuite il observe que toutes les histoires qu'en ont fait ses sectateurs, sont très-postérieures au temps où
ils le font vivre, et très-contradictoires
entr'elles; que les aventures qu'ils en racontent, sont très-différentes et très-ab-
surdes, tandis que la doctrine qu'ils lui
attribuent uniformément est connue, et
le nom qu'ils lui donnent, placé dans les
signes du zodiaque, dès la plus haute antiquité; et fermement persuadé qu'en fait

de superstition, la crédulité de beaucoup
d'hommes ne prouve rien, il conclut qu'il
n'y a pas eu plus de Christ que d'Hercule,
ou de Bacchus, ou d'Osiris, de l'existence
desquels leurs dévots étaient aussi complétement convaincus que les chrétiens
peuvent l'être de leur rédempteur.

Adoptons cette décision : et surtout ne
perdons point de vue par quelle dégéné-
ration successive peuvent passer les idées
religieuses; alors toutes les superstitions
se présentant à nous comme issues d'une
source commune, nous n'en adopterons
aucune; mais aucune ne nous paraîtra
plus ridicule qu'une autre. Ainsi, si l'o-
pinion des Indiens sur la rédemption dé-
rive des fables composées dans le temps
où le soleil était à l'équinoxe, dans le
signe du taureau, nous ne serons pas surpris de leur respect pour cet animal, et
nous ne trouverons pas plus extraordinaire de les voir mourir en tenant la
queue d'une vache, que de voir auprès de
nous porter l'agneau rédempteur, chez un
homme à ses derniers momens : ni l'Indien, ni notre voisin ne savent ce qu'ils
font, parce qu'ils ignorent l'origine des
rits qu'ils pratiquent.   L 3

Cette vérité recevra un nouvel intérêt
et un nouveau jour de ce que nous allons
dire sur les mystères anciens, sur leurs
initiations, et particulièrement sur l'apocalypse, qui est un livre d'initiés, dont la
méthode du citoyen Dupuis fait entendre
très-facilement la doctrine. Il en résul-
tera un effet fort singulier. Il se trouvera
que la signification réelle des évangiles,
que l'on croyait très-bien entendre, a
toujours été méconnue, et que celle de
l'apocalypse, qui paraissait ne présenter
aucun sens, se montrera d'une manière
très-claire et très-évidente. C'est ce dont
le lecteur va être à portée de juger.

CHAPITRE VII.

Des Mystères anciens, de leurs initiations et du livre intitulé Apocalypse *ou* Révélation de Jean.

IL n'est aucun de ceux dont l'esprit est un peu au dessus des idées communes, qui ne se soit vu fréquemment forcé de taire ce qu'il aurait eu de meilleur à dire. Mais les hommes les plus recommandables de l'antiquité ont dû se trouver encore plus souvent dans cette dure nécessité; car ils vivaient dans un temps où les lumières étaient moins répandues, et où, faute de connaître l'art précieux de l'imprimerie, la communication des idées était bien moins facile et moins prompte, et par conséquent il devait y avoir encore bien plus de distance que de nos jours entre les hommes supérieurs d'une nation et la masse du peuple. Heureux ces sages, s'ils s'en étaient tenu à cette

L 4

prudente réserve, qui ne consiste qu'à
attendre le moment favorable pour ré-
pandre la vérité! Mais bientôt ils se sont
cru permis de propager l'erreur; et de là
est né parmi eux cet usage universel
d'avoir une doctrine secrète et une doctrine publique. L'amour de la domina-
tion, le desir de conserver sa réputation
de science, celui même de masquer son
ignorance, ont pu tour-à-tour contribuer
à l'établir; et le soin de conserver les
anciennes langues et les anciennes écri-
tures devenues hors d'usage, dut mer-
veilleusement servir dans ce dessein. Cette
politique devenue générale, nous ne devons pas être étonnés que les fables religieuses se soient multipliées et altérées
à l'infini, et que le vulgaire en ait perdu
tout-à-fait l'intelligence. Mais aussi il a
dû arriver que plusieurs cultes, et surtout les principaux, aient eu leurs mystères, dont l'initiation ait consisté à enseigner au récipiendaire les principes de
la doctrine secrète, c'est-à-dire, à lui
donner des notions d'une philosophie et
d'une théologie plus relevées que celles
du public. C'est en effet ce que l'histoire

nous apprend. La vraie théophanie de
l'initié était d'avoir le mot des énigmes
sacrées, ou du moins de troquer des erreurs grossières contre d'autres erreurs
plus raffinées , et de voir dans des cérémonies emblématiques et mystérieuses ,
un faible échantillon de l'autopsie ou vision divine , dont devait jouir son ame ,
lorsque dégagée de toute matière grossière, et réduite à la pure substance du feu
éther, elle serait complètement réunie à
l'ame universelle du monde , dans l'océan
de lumière qui était censé envelopper la
sphère des fixes.

Les plus anciens de ces mystères sont
ceux de Mithra en Perse , et ceux d'Osiris
et d'Isis chez les Egyptiens.

Ces derniers ont donné naissance aux
mystères d'Adonis et de Vénus en Phénicie , d'Atis et de Cybèle en Phrygie ,
de Bacchus dans diverses parties de l'O-
rient, d'où ils passèrent en Grèce , des
Dioscures et des dieux Cabires ou grands
dieux dans l'île de Samothrace , de Cérès
et de Proserpine à Eleusis dans l'Attique,
et à beaucoup d'autres moins fameux.

Ceux de Mithra paraissent plus spécia-

lement l'origine des théologies juive et chrétienne ; la religion de Christ n'en est évidemment qu'une copie avec les changemens
nécessaires pour adapter au soleil de l'a-
gneau ou du bélier , ce qui avait été dit
du soleil du taureau dans le temps que
l'équinoxe du printemps venait dans ce
signe.

Nous n'entrerons pas dans le détail des
épreuves que l'on subissait, des fêtes que
l'on célébrait , des rits qu'on observait , et
des leçons qu'on recevait dans ces différentes initiations. Il nous suffira de dire
que tout concourt à prouver qu'elles avaient
toutes pour objet le culte de la nature et
du soleil qui en est le père ; et que la doctrine qu'on y enseignait était cette philosophie mystique que Pythagore et Platon
ont aussi été puiser dans l'Orient De nom-
breux témoignages de la plus haute antiquité appuient cette opinion ; mais ce qui
la met hors de doute, c'est qu'en l'adoptant
et en fesant usage des connaissances astronomiques , astrologiques et prétendues philosophiques , dont nous avons donné une
légère teinture dans quelques parties de
cette Analyse, on voit tout s'éclaircir et se

débrouiller dans ces obscurités mystérieuses.
Tous les nuages se dissipent : monumens,
emblêmes, cérémonies, attributs, tout
s'explique, et tout prend un sens raisonnable, jusqu'aux fables les plus monstrueuses
et les plus absurdes, et en même temps
toutes se montrent comme n'étant que des
variantes les unes des autres. On a pu en
voir des exemples convaincans dans la
notice que nous avons donnée des fables
d'Hercule et de Christ ; ce que nous avons
à ajouter actuellement en sera une nouvelle
preuve.

Ces divers cultes pénétrèrent à Rome à
différentes époques ; mais sous les empe-
reurs, lorsque la fureur des guerres civiles
fut éteinte, et que les communications avec
l'Orient devinrent plus nombreuses et plus
faciles, les superstitions de toutes les parties de la terre affluèrent dans la capitale
du monde connu ; les initiations s'y mul-
tiplièrent sous toutes les formes, et elles s'y
corrompirent par l'éloignement de leur origine. Bientôt leur multiplicité, l'ignorance
et la misère des hiérophantes, la licence
réelle ou prétendue des cérémonies secrètes
et nocturnes en firent tomber le plus grand

nombre dans l'avilissement ; et ce mépris
atteignit surtout les initiations aux mystères
de Christ, qui pénétrèrent à Rome à-peu-
près dans ce temps-là , et qui d'abord se
répandirent principalement dans la populace
juive, la plus abjecte des populaces.

Quoi qu'il en soit, tous ces cultes avaient
leurs légendes ou leurs histoires vulgaires ,
et leur théologie savante : mais à mesure que
celle-ci s'altéra , et que la signification des
allégories se perdit, cette doctrine fut généralement méconnue , et il ne resta plus que
les fables grossières , qui furent presque
universellement prises dans le sens littéral.

Il en arriva de même à la secte des initiés au culte du soleil , sous le nom de
Christ. Ils eurent jusqu'à soixante-douze
évangiles , c'est-à-dire, soixante-douze histoires différentes de la vie mortelle de leur
prétendu fondateur. Soixante-huit furent
ensuite rejetées comme fausses ; et les
quatre conservées passèrent pour le fondement de la religion. Cependant ce ne
sont que des contes historiques, qui ne
contiennent presque aucuns dogmes théologiques ; et qui, comme toutes les légendes , loin de présenter la véritable doctrine

d'une secte, sont capables d'en faire méconnaître la partie philosophique.

Heureusement il nous reste un monument précieux de ce qu'on enseignait dans ces premières assemblées mystérieuses des chrétiens de l'Orient ; c'est l'ouvrage intitulé *Apocalypse* ou *Révélation de Jean.* Dans les premiers siècles de l'Eglise, il a existé plusieurs Apocalypses, mais celle-là seule est parvenue jusqu'à nous ; et elle était devenue si inintelligible, que les plus savans hommes et les plus beaux génies, à la tête desquels il faut mettre Bossuet et Newton, ont fait des efforts inutiles pour y trouver un sens, et que plusieurs Pères de l'Eglise, en admettant que ce livre est vraiment inspiré et canonique, déclarent qu'ils le trouvent d'autant plus admirable qu'ils n'y comprennent rien. Cependant, en adoptant le système du citoyen Dupuis, on démêle très-bien ce que tout cela signifie, malgré le galimathias oriental dans lequel toutes les idées sont enveloppées.

Observons d'abord qu'il n'est rien moins que certain que cet écrit soit de Jean l'apôtre. Il n'en est fait mention que vers l'an 170 de l'ère chrétienne ; et parmi ceux

qui en ont parlé dans ce temps, les uns
l'attribuent à un autre Jean, surnommé *le
Prêtre*; les autres à un certain Cerinthe,
fort connu pour avoir catéchisé dans les
premières associations chrétiennes. Mais ce
qui ne demeure pas douteux lorsqu'on lit
l'ouvrage, c'est que ce soit le discours
d'un mystagogue endoctrinant une assem-
blée d'initiés aux mystères de Christ, et
vraisemblablement faisant avec eux la veille
sacrée de la Pâque, parce que c'était à ce
moment que l'on disait que Christ était
ressuscité, et c'était au même jour et à la
même heure qu'il devait revenir juger les
hommes; aussi était-ce dans ce temps qu'il
fut expressément ordonné de lire l'Apocalypse dans les églises, lorsqu'elle eut été
déclarée canonique.

Chapitre 1ᵉʳ. Dès le premier mot, l'auteur
déclare que c'est une apocalypse de Christ,
qu'il va rendre publique. On donnait égale-
lement ce nom à l'autopsie des anciennes
initiations. Il se place dans l'île de Patmos,
il se proclame prophète, c'est le titre que
se donnaient tous les hiérophantes. Il s'a-
dresse à sept églises d'Asie. Il se dit chargé
par Jesus-Christ, le verbe de Dieu, de dire

ce qu'il a vu, ce qui est, et ce qui sera. Il annonce qu'un jour de dimanche il a entendu une voix, et que s'étant retourné pour la voir, il a vu sept chandeliers d'or, et au milieu un Génie, ressemblant au fils de l'homme, dont le visage était resplendissant comme le soleil dans sa force, et qui tenait dans sa main sept étoiles : et il explique que les sept chandeliers sont les sept églises auxquelles il parle, et les sept étoiles sont les anges de ces sept églises; et le fils de l'homme lui dit qu'il est le premier et le dernier, alpha et omega, le commencement et la fin, et le seigneur Dieu, qui est, qui était, et qui viendra tout-puissant, et que le temps est proche.

Ainsi, dès le début, nous voilà dans les astres, et les étoiles sont des anges. Voilà un emploi répété du nombre sept, qui est celui des planètes. Voilà l'annonce d'un avènement prochain du verbe de Dieu, et ce verbe se désigne lui-même par la première et la dernière des sept voyelles, qui désignaient les planètes, par alpha attaché à la lune, et oméga à Saturne, c'est-à-dire, occupant tout l'espace que remplit le système planétaire. Il n'y a rien là qui ne soit semblable à ce qui se disait dans les anciennes initiations, aux divers cultes du soleil. Aussi, le portrait que fait Jean, de ce Génie lumineux, ressemble-t-il beaucoup à celui de Mithra : et il lui donne de même un glaive tranchant, attribut de Mars, qui a son domicile au bélier.

Chapitres 2 et 3. Dans le second et le troisième chapîtres, parlant toujours au nom de celui qui tient les sept étoiles, et a les sept esprits de Dieu, il adresse des menaces et des promesses à sept églises de l'ancienne Lydie, en répétant continuellement que celui qui a des oreilles entende.

Disons avec Isidore de Séville : « Le nom» bre sept est pris souvent pour l'expres» sion de l'univers, et par conséquent af» fecté à l'universalité de l'Église, comme a » fait Jean dans l'Apocalypse, où lE'glise » universelle est représentée par les sept » églises, dans lesquelles sa totalité paraît » distribuée. » Ajoutons qu'il paraît, en les nommant, avoir eu en vue les planètes auxquelles ces villes étaient soumises, et les avoir rangées, comme faisaient les anciens mithriaques, suivant l'ordre dans lequel on trouve les domiciles de ces planètes dans

les

les signes, lorsqu'on suit la route que les
ames remontant vers le ciel étaient censées
tenir dans le zodiaque, depuis le cancer
appelé la *porte des hommes* ou *inférieure*,
jusqu'au capricorne nommé la *porte des
dieux* ou *porte supérieure*. Du moins, il
commence par Éphèse, consacrée à Diane,
ou la lune domiciliée au cancer ; et il lui en
donne le caractère, en la louant de son aversion pour les Nicolaïtes qui approuvaient
la licence des mœurs ; il finit par Laodicée,
à laquelle il reproche la tiédeur et l'avarice,
qui désignent Saturne domicilié au capricorne ; et comme dans cette théorie des domiciles des planètes dans les signes par
lesquels les ames remontent au ciel, Vénus
vient la quatrième, ou à la balance, il désigne Thyatire, qu'il nomme aussi la quatrième, par l'étoile du matin, et son penchant à la débauche. Voilà donc encore des
allusions aux sept sphères, tout l'espace
planétaire embrassé, les principes astrologiques des anciens mystères observés, et le
prophète arrivé au-delà de ces sept sphères,
à ce que l'on appelait la *porte des dieux*,
qui donnait vers le ciel le plus élevé, sur la
sphère des fixes.

M

Chap. 4. Aussi, au chapitre quatrième,
il voit une porte ouverte dans le ciel. La
première voix qui lui a parlé, lui dit de
monter ; et il voit le trône même de Dieu
environné de l'arc-en-ciel, devant lequel
étaient sept lampes, qui sont, dit-il, les sept
esprits de Dieu. Auprès de ce trône sont
vingt-quatre vieillards vêtus de blanc et
couronnés d'or, et les quatre fameux animaux du zodiaque et des évangiles, le lion,
le veau, l'homme et l'aigle (1), ayant chacun six ailes, et tout couverts d'yeux. Enfin,
il voit bien clairement tout le firmament, et
pour que rien n'y manque, il voit encore
une mer de cristal, qui est évidemment cet
océan supérieur et éthéré, que les anciens
plaçaient au-dessus du firmament.

Chap. 5. Après avoir ainsi, en bon astro-
logue, assuré la sphère sur ses quatre points
cardinaux, notre prophète est prêt à voir
l'avenir, comme la voix le lui a prédit.
Aussi il apperçoit le livre de la fatalité fer-

---

(1) On sait que par des raisons mystiques l'aigle
ou plutôt le vautour est toujours substitué par les
anciens au scorpion, qui est le signe avec lequel il
se lève.

mé de sept sceaux, mais il se désole de ce
que personne ne peut ouvrir ces sceaux.
Alors un des vieillards lui dit que le lion de
Juda a vaincu, et que le livre va s'ouvrir.
Il apperçoit un agneau debout, mais comme
égorgé, qui a sept cornes et sept yeux, qui
sont, dit Saint Jean, les sept esprits de
Dieu. Celui qui est sur le trône, donne le
livre à l'agneau pour l'ouvrir ; et les animaux, les vieillards et les anges, au nombre
de milliers de milliers, chantent les louanges
de l'agneau qui a été égorgé.

Il est difficile de méconnaître le lion
solsticial, et l'agneau équinoxial absorbé
dans les rayons du soleil du printemps,
dont à cette époque on célèbre la mort,
la résurrection et le triomphe, et qui est ici
le héros de l'ouvrage.

Chap. 6, — 11. Dans les chapitres six
et sept, on ouvre les sept sceaux du livre
de la fatalité. Et, depuis le chapitre huitième jusqu'à la fin du onzième, le mystagogue en droit de prophétiser, prédit tous
les maux dont il peut s'aviser. Il entasse tous
les tableaux désastreux que lui suggère une
imagination ex-ltée. Nous n'essayerons pas
de les analyser, et nous passons tout de

M 2

suite au moment où le septième ange annonce que l'empire de ce monde est passé
au Christ, qui va juger les vivans et les
morts, et régner dans tous les siècles.

Chap. 12. Un spectacle important et vraiment curieux à considérer, est celui qui
se présente ici. L'auteur de l'apocalypse a
achevé le récit de tous les malheurs qu'il a
vus gravés sur les sept tablettes du livre de
la fatalité, ou sur les sept sphères. Il porte
ses regards sur la sphère des fixes. Aussi, au
dernier verset du chapitre onzième, le temple
de Dieu s'ouvre *dans le ciel*, et l'arche de
son testament se montre dans son temple.
Aussitôt apparaît aussi *dans le ciel* une
femme enveloppée du soleil. Elle a la lune
sous ses pieds, et sur la tête une couronne
de douze étoiles : elle est dans les douleurs
de l'enfantement.

Près d'elle arrive encore *dans le ciel*, un
grand dragon roux, qui a sept têtes, dix
cornes, et sept diadèmes; sa queue entraînait la troisième partie des étoiles. Il les en-
voie en terre, et se tient debout devant la
femme ; pour dévorer son fils quand elle sera
accouchée.

Elle accouche d'un enfant mâle qui doit

gouverner toutes les nations, qui est porté
à l'instant à Dieu sur son trône ; et la mère
se retire dans la solitude dans un lieu pré-
paré par Dieu même, où elle reste douze
cent soixante jours, c'est-à-dire, cent
quatre-vingt fois sept, ou la moitié de l'année multipliée par le nombre des planètes.

Michel avec ses anges combat le dragon
et les siens ; il est vainqueur à cause du sang
de l'Agneau. Le dragon, qui est le diable et
Satan, qui séduit tout l'univers, est précipité
sur la terre avec ses anges ; et on s'écrie
que le salut est opéré, et que le règne de
Dieu et la puissance de Christ sont arrivés.
Joie au ciel et à ses habitans, et malheur à
la terre et à la mer, parce que le diable y
est descendu furieux, et qu'il sait qu'il a
peu de temps à y dominer !

Le dragon précipité poursuit la femme
qui a enfanté. Deux grandes ailes sont
données à la femme ; elle s'envole dans le
désert où elle est nourrie loin du serpent,
un temps, des temps et la moitié d'un temps,
ce qui fait bien, en style de grimoire, sept
demi-années comme ci-dessus.

Le serpent vomit contre la femme un
fleuve pour l'entraîner dedans. La terre

M 3

secourt la femme en absorbant le fleuve ; et
le dragon irrité contre la femme, va faire
la guerre à tous ceux de ses descendans
qui gardent les commandemens de Dieu et
rendent témoignage à Christ, puis il s'arrête sur le sable de la mer.

Ce récit n'a pas besoin de commentaire ;
il nous présente le même tableau que celui
que nous offre la sphère le jour de Noël à
minuit, et sur lequel, dans notre chapitre
sixième, nous avons tiré l'horoscope du dieu-
soleil, qui doit triompher sous le signe de
l'agneau. Le fleuve que la terre absorbe, est
l'Éridan céleste qui se trouve en ce moment
au couchant, et Michel qui combat toujours
les dragons, est bien l'Hercule céleste.
Toutes les fictions jointes à ces faits sont
celles de tous les astrologues et de tous
les mystagogues.

Chapitre treizième. La narration se suit.
Le prophète voit une bête montée de la
mer, plus une autre bête montée de la terre;
et il donne comme un grand mystère, que
le nombre de la bête est six cent soixante-
six, et les combats continuent.

Il est clair que celle qui monte de la mer
est la baleine, qui est dans ce moment au

çouchant. Il lui donne de parties de léopard,
d'ours, de lion et de dragon, parce qu'elle
a porté tous ces noms dans les sphères ; et
s'il voit sa partie blessée renaître, c'est
que trois mois plus tard, après avoir marqué le soir l'équinoxe par son coucher, sa
queue qui était en bas reparaît le lendemain,
matin la première, et avec elle l'autre bête,
qui est Méduse ; à celle-ci il lui donne deux
cornes pareilles à celles de l'agneau, et la
voix du dragon. Effectivement les anciens
sculpteurs mettent souvent deux cornes
semblables au milieu des serpens de la tête.
de Méduse, parce qu'elle se lève avec
aries. Enfin c'était à ce moment, à l'équinoxe, que les astrologues composaient le ta-
lisman solaire, marqué du nombre mystique.
six cent soixante - six, *qu'il nous donne*
pour le nombre de la bête et pour un merveilleux secret. Nous voilà donc arrivés à
l'équinoxe du printemps.

Chapitre quatorzième. Aussi le chapitre
quatorzième nous présente d'abord l'Agneau
sur la montagne de Sion, et avec lui les
douze fois douze mille élus qui ont été
marqués de son sceau dans le chapitre
septième. On voit se joindre à eux les

M 4

vingt-quatre vieillards , ou les génies des
heures, et les quatre animaux des quatre
points cardinaux du zodiaque ; et tous ceux-
là , dit le prophète , suivent l'Agneau partout où il va. C'est bien là le lever du premier des signes, suivi de tout son cortége ;
c'est aussi le moment de la gloire et de la
puissance de Christ : c'est pourquoi l'on
nous dit que la grande Babylone est tombée,
et que l'heure du jugement est venue.

Le reste du tableau est bien exactement
celui de la sphère. L'auteur de l'apocalypse
voit trois anges volans dans le milieu du ciel,
qui sont le *cygne* , *le vautour* et *l'aigle*, lesquels sont en ce moment au méridien ; puis
dans un nuage blanc, un Génie semblable au
fils de l'homme , ayant une couronne d'or,
et dans sa main une faulx avec laquelle il
coupe les moissons. C'est *Persée* dans la
voie lactée, qui se lève en ce moment, et
qui est ainsi représenté dans les sphères.
Enfin il voit un autre Génie sortir d'un temple
qui est dans le ciel, armé aussi d'une faulx,
et couper les vendanges. On ne peut méconnaître le *vendangeur*, qui se couche
alors avec la constellation de *l'autel.*

Chapitre 15. Pour terminer , le prophète

voit encore prophétiquement cette mer de
verre mêlée de feu, qui est l'océan supérieur; et debout, sur cette mer vitrée, c'est-
à-dire, au plus haut des cieux, sont tous
ceux qui ont vaincu la bête, son image, et
le nombre de son nom, lesquels chantent le
cantique de l'Agneau et celui de Moïse, c'est-
à-dire, celui que Moïse chanta lors de la fameuse Pâque, au passage de la mer rouge,
et de la délivrance du peuple de Dieu.

A la vérité, bientôt après, le prophète
voit sortir du tabernacle sept anges qui ont
sept plaies; et un des quatre animaux du
zodiaque, donne à ces sept anges, sept
coupes d'or, pleines de la colère du Dieu
vivant dans tous les siècles; et personne ne
peut entrer dans le temple (c'est-à-dire,
dans le ciel supérieur), que les sept plaies
des sept anges ne soient consommées.

Il faut remarquer que tout de suite après,
aries, se lèvent les sept pleyades appelées,
chez les Phéniciens et les Hébreux, le *Tabernacle*, placées sur le *taureau*, un des
quatre animaux, et qui passaient pour des
astres *terribles à la terre et à la mer* : mais
nous reviendrons bientôt à ces sept anges,
qui vont encore faire tant de maux; arrêtons-

nous un moment à l'instant où les élus
jouissent de la théophanie complète, au-
dessus de l'océan lumineux, chantant la
gloire de Dieu , et tenant ses guitares dans
leurs mains.'

Quoique nous ayons donné bien peu d'é-
tendue à ce commentaire , et que par conséquent nous ayons négligé beaucoup de
rapprochemens précieux et d'explications
très-utiles, je ne pense pas que personne
puisse méconnaître dans ce qui précède ,
une véritable histoire allégorique du soleil,
des astres et du cours de l'année, adaptée
aux principes des anciens sur le sort des
ames dans ce monde , leur jugement et
leur retour au ciel , c'est-à-dire, la doctrine
du culte de l'univers actuel, jointe à la
fiction de la vie à venir.

On a pu remarquer en outre, qu'après
bien des désastres décrits depuis le chapitre
huitième jusqu'à la fin du onzième , vient
un grand jugement et un état heureux pour
les justes , qui est figuré par le tableau du
ciel au moment du solstice d'hiver et de la
naissance du soleil de l'agneau; mais cette
félicité n'est que pour le ciel, et ne s'étend
pas jusqu'à la terre, où les combats et les

malheurs continuent. Elle n'est même que provisoire, puisqu'au chapitre quatorzième, on nous annonce un nouveau jugement ; alors seulement le bonheur est universel et immuable ; la grande Babylone est tombée, la bête, son image, et le nombre de son nom sont vaincus ; les élus sont au-dessus des sept cieux ; l'agneau est dans toute sa gloire ; et le tableau astronomique est celui de l'équinoxe du printemps.

Cette succession d'événemens se rapporte à merveille à l'histoire du soleil, pour lequel l'époque du solstice d'hiver est un moment heureux, et qui ne triomphe complètement qu'à l'équinoxe du printemps. Mais il est bon d'observer avec le citoyen Dupuis, qu'elle a trait aussi à l'opinion des anciens philosophes, adoptée par plusieurs sectes chrétiennes, et indiquée clairement dans l'Apocalypse, chapitre vingtième, qu'après la mort les ames fesaient un long voyage dans les sphères en remontant vers le ciel, et ne subissaient qu'après mille ans le jugement qui fixait irrévocablement leur sort, donnait à celles des justes une félicité parfaite, et était une seconde mort pour les autres.

Quoi qu'il en soit, nous sommes arrivés ici
à la théophanie complète, et l'ouvrage est
réellement fini; mais il recommence aussitôt.
Depuis le chapitre seizième jusqu'au vingt-
deuxième et dernier, l'auteur va mettre en
action ce qu'il n'a mis qu'en prédiction
depuis le chapitre huitième jusqu'ici. Il
emploiera des emblèmes peu différens,
mais il détaillera davantage quelques-uns
de ses dogmes, et complettera plusieurs de
ses descriptions, et surtout il s'étendra
beaucoup sur celles de la grande Babylone
et de la Jérusalem céleste, symboles de cette
vie et de la vie à venir, du monde sublunaire et du monde lumineux, de la terre
et du ciel, du mal et du bien, de l'hiver
et de l'été.

Chapitres seizième et vingt-deuxième.
Nous passerons rapidement sur cette partie,
parce que son analyse ne nous paraît pas
nécessaire à l'intelligence de l'ensemble qui
est notre principal objet. Il nous suffira de
dire que tous les maux qu'opèrent les sept
anges avec leurs coupes, dans le chapitre
seizième, sont les mêmes que sept anges
avaient annoncés avec leurs trompettes dans
le chapitre huitième ; et que, dans les dix-

septième , dix-huitième et dix-neuvième ,
on fait une longue description de la grande
Babylone qui avait écrit sur son front le mot
mystère. On raconte sa défaite et celle de
la bête ; on s'en réjouit , et on en rend
graces au Seigneur.

Mais il est remarquable que dans le chapitre vingtième, pour compléter la victoire
de l'Agneau , un ange se saisit du dragon
et du serpent antique , qui est le diable et
Satan ; il l'enchaîne et l'enferme dans l'a-
bîme pour mille ans , afin qu'il ne séduise
pas les nations ; et au bout de mille ans ,
il sera obligé de le lâcher de nouveau , mais
pour peu de temps , comme nous avons vu
dans le chapitre douzième , que le diable
sait bien qu'il a peu de temps à agir , ce
qui le rend furieux.

Ici il y a un jugement. Les justes sont
heureux pour mille ans ; les autres morts
languissent pendant mille ans ; et c'est la
première résurrection : heureux ceux qui
y ont part ! car sur ceux-là la seconde mort
n'a pas de puissance.

Au bout de ces mille ans le diable revient.
Il combat encore ; mais il est bientôt ter-
rassé et précipité définitivement dans l'étang

de feu et de soufre avec la bête, il y est
tourmenté jour et nuit jusqu'à la fin des
siècles. Le ciel et la terre disparaissent, et
on ne retrouve plus leur place. De-là suit
un nouveau jugement; et pour ceux qui
sont condamnés, c'est la seconde mort.

Voilà bien les deux jugemens annoncés
dans la première partie, et la période de
mille ans dont nous avons parlé ci-dessus.
Apres quoi Jean voit un nouveau ciel et une
nouvelle terre; et c'est la Jérusalem sainte
et toute céleste, dont la description remplit les chapitres vingt-un et vingt-deux, et
termine l'ouvrage.

Il serait curieux sans doute d'examiner
en détail cette description, et de montrer
que jusques dans ses moindres parties elle
fait allusion aux phénomènes astronomiques. Mais je pense qu'il n'est pas nécessaire d'en dire davantage pour prouver que
cet écrit a un sens, que ce sens était perdu
et est retrouvé; que c'est l'exposition de
la doctrine secrète de la religion juive et
chrétienne, dont j'ai rendu compte dans
le chapitre précédent; que cette doctrine
est celle de tous les anciens mystères, et
particulièrement de ceux de Mithra; et que

c'est le culte de la nature et des astres
allié à la philosophie mystique des Orientaux sur le sort des ames et la vie à venir.

Ce qui le prouve encore plus, c'est que
cette explication de l'apocalypse donne,
chemin faisant, la clef de tout ce qu'il y a
de plus obscur et de plus monstrueux dans
les visions de Daniel et d'Ezechiel, et dans
ceux des livres juifs qui paraissent les plus
inintelligibles. Je n'ai pu me permettre ces
digréssions. Il faut les voir dans l'Ouvrage
du citoyen Dupuis, et rendre hommage à
son immense érudition et à l'excellent usage
qu'il en a fait pour jeter du jour sur des
contés que leur obscurité rendait respec-
tables, qui, bien entendus, sont sans doute
peu raisonnables, mais qui sont cependant
bien mieux combinés et bien moins ridicules
que les fables grossieres qui en sont déri-
vées, lesquelles, prises au pied de la lettre,
ont composé la croyance et la doctrine publiques des différens peuples.

CHAPITRE VIII.
CONCLUSION.

Nous terminerons ici cette Analyse. Si
nous avons réussi à donner une idée de
l'Ouvrage du citoyen Dupuis, il sera clair
pour nos lecteurs comme pour nous, que
les fables religieuses des différens peuples
de la terre ne sont point des rêves faits au
hasard ; qu'elles ont un fond commun ; et
que presque toutes sont des imitations, des
traductions, des dégénérations du culte de
la nature, qui a dû être celui des premiers
hommes, et qui en effet a été celui des plus
anciens peuples dont nous ayons le sou-
venir.

Il resterait à examiner comment les premiers hommes eux-mêmes ont été conduits
à adorer la nature au lieu d'en jouir ; et
quelle influence cet écart de leur imagination a eu sur leur raison et leur vertu,
par conséquent sur leur bonheur. Ce serait
le sujet d'un grand et utile ouvrage, mais
trop

trop au-dessus de nos forces. Nous nous
bornerons à quelques réflexions , la plupart
tirées encore de l'excellent Ecrit que nous
venons d'analyser.

Quand nous cherchons l'origine des premières idées religieuses , ce n'est point à la
connaissance de l'histoire., mais à celle de
nos facultés intellectuelles à nous' guider.
Nous l'avons déjà. dit : l'opération de l'esprit par laquelle un homme est arrivé pour
la première fois à attribuer une vertu divine
à un des grands flambeaux de la nature , ou
à un de ses plus imposans phénomènes , est
exactement la même que celle qui porte
un enfant à battre une pierre qui vient de
rouler sur lui , ou qui seulement résiste à
ses efforts. Il sent que quand il fait quelque
chose , c'est qu'il le veut. Il a reconnu par
expérience, qu'il en est de même de son ca-
marade et des autres animaux. Il se per-
suade aisément que la même chose se passe
dans tous les êtres, surtout dans ceux qui
ont du mouvement. Il veut punir cette
pierre de sa mauvaise volonté pour lui ,
et bientôt il la suppliera à genoux, s'il a
encore à en redouter un mal qu'il ne puisse
éviter par ses propres forces. L'homme, de

N

même, a supposé que tout effet dont il ne
connaissait pas la cause, était le produit
d'une volonté; et moins il a connu de causes,
plus il a imaginé de volontés; aussi les a-t-il
beaucoup multipliées dans les temps d'ignorance.

Il ne les voyait pas, ces volontés; il se
croyait très-sûr de leur existence : il a été
très-aisé de lui persuader qu'il existait des
êtres inaccessibles à tous ses sens : voilà la
création des esprits.

Il était naturel de chercher à leur plaire.
Bientôt des hommes habiles ont pu se vanter
avec succès, d'être en communication avec
eux; pour le prouver, ils ont fait des choses
surprenantes, des miracles. Ils ne pouvaient
avoir reçu tant de science que des intelligences supérieures. Ils étaient en droit de dire
en leur nom quelles actions leur plaisaient
ou leur déplaisaient, et quel hommage il
fallait leur rendre : voilà les commandemens
des dieux, leurs cultes, et leurs prêtres.

Sans doute ces premiers législateurs théologiens ont pu prescrire aux hommes des
règles utiles à leur bonheur, et augmenter
en eux le désir de les suivre, par l'interven-
tion de ces motifs surnaturels; mais il y a

toujours un vice radical dans cette manière
de porter les hommes au bien, c'est de
dépraver leur raison. Tout homme qui parle
au nom des dieux, est obligé de mettre au
premier rang entre les vertus, la crédulité
la plus aveugle, sous peine d'être bientôt
reconnu pour un imposteur. Car, comment
passer pour inspiré de Dieu, si l'on est
convaincu une fois d'erreur ? et comment
n'en être jamais convaincu, si l'on permet
le moindre examen ?

C'est déjà un bien grand mal moral,
d'ériger en vertu une servilité stupide.
C'en est un plus grand encore d'habituer
les hommes à chercher les règles de leur
conduite dans la volonté d'un être inconnu,
au lieu de les trouver dans leur intérêt bien
entendu, et apprécié par une raison éclairée;
car c'est les empêcher de reconnaître la
liaison intime de la vertu et du bonheur,
et les priver des motifs les plus puissans et
les plus palpables de se porter au bien, pour
leur en donner d'éloignés et de problémati-
ques. Quand je vois les hommes religieux pro-
clamer presqu'unanimement cette détestable
maxime, que sans l'idée de la vie à venir
l'homme n'a aucun motif pour être bon,

N 2

je me demande avec terreur s'ils ont le
projet de dégoûter de la vertu, s'ils ont
fait serment de pervertir toute idée morale, et si leur diable lui-même pourrait
inventer un principe plus capable de couvrir
la terre de malheurs et de crimes. Ce sont
cependant des hommes zélés pour le bien,
qui souvent professent de si funestes erreurs. Que l'on juge jusqu'à quel point
les idées religieuses peuvent égarer la raison humaine.

Après ces deux objections fondamentales,
il est inutile de reprocher aux religions leurs
inconvéniens particuliers, les obstacles que
toutes apportent plus ou moins au progrès
des lumières de tous genres, le mur de séparation qu'elles élèvent entre leurs divers
sectateurs, les haines que les nuances des
opinions excitent dans leur sein, les troubles
qu'elles causent dans les familles, les passions et le despotisme de leurs prêtres, etc.

Il faut cependant observer qu'elles sont
essentiellement subversives des vrais principes de l'ordre social ou de la morale publique; car, suivant ces principes, c'est
à la puissance législative à prescrire aux citoyens leurs devoirs. Or, dès que les prêtres

s'arrogent ce droit, ils usurpent la souve-
raineté, et doivent souvent se trouver en
opposition avec elle. Aussi sont-ils nécessairement ennemis de tous les gouverne-
mens dont ils ne disposent pas ; et si un
clergé dirige l'autorité, par cela même, la
liberté de tous les autres est violée, et en
leurs personnes l'équité et l'égalité sociale
sont détruites. S'il est vrai que tous ces
inconvéniens diminuent à mesure que le
zèle religieux est moins fervent, c'est ce
qui prouve qu'ils seraient nuls s'il n'existait
pas.

Qu'on ne nous demande donc pas d'un air
de triomphe, si vous détruisez la religion,
que mettrez-vous à sa place? car la réponse
est facile. A la place d'un mauvais système
de morale basé sur des raisonnemens défec-
tueux qui gâtent l'esprit, et des suppositions
qui l'égarent, nous en mettrons un bon
dicté par la raison qu'il perfectionnera en
l'exerçant, et fondé sur l'observation des
facultés intellectuelles de l'homme, dont
il apprendra à se mieux servir, en appre-
nant à les mieux connaître : ainsi, sans avoir
recours à la terreur pour faire remplir des
devoirs imaginaires, nous exciterons l'intérêt

N 3

personnel à en remplir de véritables, dont
la violation serait funeste.

Nous n'entreprendrons pas plus que vous,
de faire comprendre aux hommes grossiers
la théorie la plus relevée d'un système philosophique ; mais nous leur en présenterons
les résultats les plus purs, de la manière la
plus claire ; et n'ayant pas besoin de les
tromper, nous ne mêlerons à nos leçons
aucune obscurité capable d'embarrasser leur
faible raison et de l'abrutir encore.

Concluons donc que tout système, religieux, à l'envisager du côté de la théorie,
est une supposition sans preuves, un véritable égarement de la raison ; et qu'à le
considérer sous le rapport de la pratique,
c'est un motif puissant sur les hommes
pour leur faire suivre certaines règles de
conduite, mais un moyen sûr de leur en
donner d'erronées et émanant d'une autorité illégitime ; qu'ainsi toute religion peut
être définie, *un obstacle à la bonne logique
et à la saine morale privée et publique.*

Je prie ceux qui ne goûteront pas cette
opinion, de la combattre avec le même
calme avec lequel je l'expose, et je les
invite à employer, pour la réfuter, d'autres

raisons que celles dont on s'est servi jusqu'à présent ; car je ne crois pas qu'il y en ait une seule qui ébranle le moins du monde les principes que je viens d'établir.

En finissant remarquons, ce qui est bien important, que quand mon assertion serait fausse, plus un homme serait persuadé de l'utilité de sa religion et de sa sainteté, plus, s'il voulait être juste et n'aspirait pas à devenir dominant et oppresseur, il devrait souhaiter qu'on n'enseignât aucune religion dans les écoles publiques ; parce que ne pouvant y en faire enseigner qu'une, ce serait une véritable violence faite à tous les citoyens qui, en croyant une autre, ou n'en croyant aucune, ne veulent pas que leurs enfans soient imbus d'idées contraires aux leurs. Si une religion doit être enseignée à des enfans, ce ne peut être que dans l'intérieur de chaque famille. Là, chaque citoyen peut, à son gré, s'abreuver des erreurs qui lui plaisent. La loi ne doit connaître que de ses actions. C'est au bon sens général à régler ses opinions et à en faire justice s'il ne peut les réformer. C'est pour cela qu'il est si important de perfectionner la raison publique.

N 4

Tels sont à-peu-près les principes que le citoyen Dupuis a fondés sur une érudition prodigieuse. Je ne prétends pas avoir fait suffisamment connaître son excellent Ouvrage. Je l'ai déjà dit, j'aurai rempli mon but, si j'ai inspiré le desir de le lire, et si j'ai prouvé au lecteur, comme j'en suis persuadé moi-même, qu'il y a peu de livres aussi savans, aussi curieux, et aussi utiles que le sien; que sa réputation ira toujours croissant, et qu'il fera époque dans l'histoire de l'esprit humain. C'en est déjà une grande, que le moment où une telle doctrine a pu être publiée sans crainte de l'autorité.

POST-SCRIPTUM.

Tout ce qui précède est de l'an trois ; mais
au moment de laisser imprimer ce petit
Ecrit, je ne puis me refuser d'y ajouter
encore quelques mots : j'ai besoin de dire
que le temps et la réflexion m'ont toujours
plus persuadé que l'*Origine de tous les
cultes* est un Ouvrage non-seulement singulièrement remarquable par son mérite,
mais encore tout-à-fait unique par la nature de son objet et de ses effets ; et, quelque
grande que soit déjà dans toute l'Europe
sa réputation et son autorité, sous le rapport
de la connaissance de l'antiquité, je suis
surpris qu'il ne fixe pas plus particulièrement, et je dirais presque, plus exclusivement,
l'attention de tous les hommes qui pensent.
Il faut, ce me semble, qu'il y ait dans ce
monde et dans nos têtes, une masse bien
forte de résistance à la vérité et à la lumière,
qui ne leur permette de percer et de pénétrer dans les esprits que petit à petit,

lentement et avec le secours de beaucoup
de temps.

En effet, si l'on considère la manière
dont l'objet est rempli, l'*Origine de tous
les cultes* est du nombre de ces ouvrages
qui, se proposant l'examen d'une question,
en présentent tous les élémens, la coulent
à fond, s'il est permis de s'exprimer ainsi,
et en donnent une solution si complète et
si motivée, que c'est affaire finie et qu'il
n'y a plus à y revenir. C'est-là un mérite
bien remarquable.

Mais si l'on fait attention à la nature
même du sujet, on est encore bien plus
étonné du succès: car il n'en est aucun, sans
exception, qui présente autant de difficul-
tés, et il est absolument unique dans son
genre. Dans les sciences physiques et naturelles, on a les objets sous les yeux. Il
n'est question que de multiplier les observations et les expériences, et de voir
avec sagacité ce que l'on en doit conclure.
Quand, au contraire, c'est un point d'histoire que l'on veut éclaircir, on ne fait
que recueillir les témoignages, les compa-
rer, les apprécier, et prendre pour vrais
les plus vraisemblables. Mais ici, il ne s'agit

de rien moins que de savoir mieux que ceux
que l'on consulte, ce qu'ils ont voulu dire,
et de comprendre mieux qu'eux-mêmes le
sens de leurs écrits. A la vérité, quelques
hommes rares, dont le plus souvent il ne
nous reste que des fragmens, ont, de loin
en loin, réclamé contre l'erreur commune
à tous leurs contemporains ; ils ont indiqué
quelques causes de la déception générale,
et ils ont conservé quelques légères traces
d'une doctrine universellement méconnue.
Mais voilà tout ce que l'on a pour guide et
pour appui ; et avec ce faible secours, il
faut d'abord découvrir une intention dans
des récits monstrueux, que ceux qui nous
les ont transmis prenaient pour de véritables histoires, plus ou moins défigurées ;
ensuite, parmi les divers sens que leur ont
prêté ceux qui les prenaient pour des allégories, il faut écarter tous ceux qui ne satis-
font qu'à des cas particuliers, démêler quel
est le plus plausible, s'assurer qu'il est le
seul véritable ; et en le suivant toujours, et
le soumettant à diverses épreuves, arriver
jusqu'à pénétrer la doctrine secrète des plus
anciens hiérophantes connus, doctrine dont
ils n'étaient pas encore les auteurs, et enfin

il faut, de cette doctrine, remonter jusqu'à
des temps antérieurs, dont nous n'avons
aucun monument, et découvrir, avec évidence et certitude, ce qu'ont fait, et ce
qu'ont dû nécessairement faire les premiers
mystagogues et les premiers philosophes de
nations dont l'existence même nous est in-
connue, et a dû inévitablement précéder de
beaucoup les temps où plusieurs de ceux
que nous appelons les anciens, ont jugé à
propos de fixer le commencement du monde.
En un mot, il faut porter dans les temps antérieurs aux Grecs et aux Romains, une
lumière qu'ils n'ont pas été capables d'y porter eux-mêmes, quoiqu'ils en fussent plus
près que nous de plus de deux mille ans,
regarder ces peuples si célèbres, que l'on a
étudiés presqu'exclusivement jusqu'à présent, comme des enfans ignorans qui n'ont
recueilli que des absurdités sur l'histoire de
leur berceau, et traiter leurs récits, comme
nous ferions celui d'une vieille femme de
nos jours, qui viendrait nous faire un conte
bizarre, de la vérité duquel elle serait très-
persuadée, par lequel nous reconnaîtrions
que des conjurés se sont entretenus devant
elle, à mots couverts, de leurs projets, et

dans lequel nous découvrions la clef de
leur chiffre, et tout le fil de leur trame.
C'est ce qui a été exécuté avec un plein succès, et ce qui ne pouvait l'être qu'au moyen
d'une connaissance approfondie des lois de
la nature physique, et de celles de notre nature intellectuelle, lesquelles nous signalent
tout de suite comme vrai, tout ce qui y est
conforme, et comme faux, tout ce qui y
répugne : et encore fallait-il être aidé de tous
les secours de l'imprimerie, qui seule con-
serve, répand et multiplie assez les témoignages et les monumens, pour que des
rapprochemens si multipliés soient possibles.
La réussite d'une telle entreprise est la preuve
la plus irrécusable de l'immense supériorité
des modernes sur les anciens, et de la profonde sagacité des premiers : et elle nous
est un garant assuré, qu'avec les moyens
qu'ils emploient, la méthode qu'ils suivent,
et le secours du temps, rien de ce qui est
accessible à l'esprit humain, ne peut échapper à leurs recherches. Ce sont-là assurément des titres assez recommandables.

Mais si l'on réfléchit sur les conséquences
d'un pareil travail et d'une telle découverte,
ils prennent encore un bien plus grand ca-

ractère à nos yeux : et l'on peut dire que
c'est le sort du genre humain qu'ils ont dé-
cidé. Les amis de l'humanité ont souvent
cru faire des choses très-utiles , en attaquant
quelques absurdités de la religion domi-
nante , en rendant odieux quelques excès du
pouvoir sacerdotal, et plus encore en chan-
geant le culte établi, ou en l'empêchant
d'être exclusif : et réellement il en est souvent résulté de ces entreprises , des amélio-
rations remarquables , car les moindres changemens dans les idées, en amènent d'immenses dans les destinées des hommes.
Mais ici, ce n'est pas seulement une question secondaire qui est agitée , ou une fausse
conséquence d'une mauvaise doctrine qui
est écartée ; la coignée est portée à la racine
de l'arbre. C'est le principe fondamental de
tout le système des idées religieuses , qui est
mis entièrement à nu, et la liaison intime,
où on peut le dire , l'identité de toutes ses
branches, qui est complétement manifestée.

   Il en résulte d'abord un très-grand bien :
c'est que cela oblige les prêtres de toutes
les croyances à ne plus s'abandonner les uns
les autres, et que cela les réduit à faire
cause commune. Or, en les forçant seule-

ment pendant quelque temps à suivre cette
marche, il en arrivera que bientôt le monde
ne pourra plus jamais avoir à redouter les
effets de leurs dissentions, qui ont toujours
été les principales causes de ses dévasta-
tions et de ses malheurs.

Il est vrai que pendant que la masse des
peuples respirera, ceux qui les éclairent,
les adversaires des prêtres, auront beaucoup
plus à souffrir de leur coalition. Ils seront
poursuivis avec plus d'acharnement, plus
de moyens, et d'une manière plus systéma-
tisée. Mais c'est leur destinée : et qu'est-ce
que quelques injustices particulières, en
comparaison de la paix des nations !

D'ailleurs, ces penseurs auront un grand
avantage que n'ont pas eu leurs devanciers.
Tout ce qu'ils auront prouvé contre un
prêtre, ils l'auront prouvé contre tous : et
ceux-ci faisant cause commune, ils ne pour-
ront plus guère employer l'arme des révéla-
tions. Car on ne peut en admettre qu'une
véritable : et le cachet de toute révélation
est la réprobation de toutes les autres. Or,
cet incident écarté, pour peu que la discus-
sion se prolonge, elle deviendra très-claire;,
et il sera facilement reconnu par tout le

monde, que les théologiens et les philosophes ne sont point des êtres d'une espèce
différente ; que c'est à tort qu'on a toujours
fait des premiers une classe tout-à-fait à
part, que ce sont des philosophes, ou du
moins des raisonneurs tout comme les autres,
qu'ils n'ont nul droit plus que les autres, à
faire un corps, à exercer une autorité publique , à être les précepteurs exclusifs des
nations ; que quand ils énoncent des vérités,
c'est comme les autres hommes, en qualité
de penseurs, et non de magistrats ; que
quand ils professent des erreurs , c'est parce
qu'ils sont exposés, comme les autres, à
s'égarer dans leurs recherches ; et qu'enfin il
ne s'agit que de savoir s'ils ont tort plus ou
moins souvent que leurs adversaires, et s'ils
n'ont pas un tort essentiel et radical, en s'at-
tribuant plus de droits à la croyance publique, que n'en a tout autre individu qui
fait également usage de son esprit.

Alors, je crois, chacun conviendra bientôt de la vérité de ce que nous avons déjà
dit, que la théologie est la philosophie de
l'enfance du monde, qu'il est temps qu'elle
fasse place à celle de son âge de raison ,
qu'elle est l'ouvrage de l'imagination, comme

la

la mauvaise physique et la mauvaise métaphysique, qui sont nées avec elle dans les
temps d'ignorance, et qui lui servent de
base, tandis que l'autre philosophie est fondée sur l'observation et l'expérience, et
étroitement unie à la vraie physique et à la
saine logique, qui sont, comme elle, le fruit
des travaux des siècles éclairés ; qu'enfin
un théologien n'est rien autre chose qu'un
mauvais philosophe qui a la témérité de
dogmatiser sur ce qu'il ne sait pas et ne peut
pas savoir.

Ce sera là un bien beau résultat pour la
raison humaine, et l'Ouvrage du citoyen
Dupuis y aura contribué, je crois, plus puissamment qu'aucun autre ; car, quoique les
bonnes raisons entremêlées de plaisanteries
soient très-efficaces pour détruire les opinions ridicules, cependant ces mêmes bonnes
raisons, appuyées par des faits, et soutenues
d'une érudition immense, font une impres-
sion plus profonde et plus solide. Tels sont
les motifs qui me font regarder l'*Origine
de tous les Cultes*, comme une production
tout-à-fait unique dans son genre.

Tout ceci ne veut pas dire, au reste, que
dans l'opinion du citoyen Dupuis, ni même

O

dans la mienne, (si j'ose l'émettre à côté
de la sienne) la cause première de l'Univers soit aveugle ou soit intelligente. Nous
faisons profession l'un et l'autre de nous
regarder comme très-assurés qu'on n'en sait
rien et qu'on n'en peut rien savoir. Mais
nous nous tenons pour très-certains aussi ,
que si elle est aveugle , toute prière est sans
objet, que si elle est intelligente, tout culte
est indigne d'elle et l'outrage, que dans les
deux cas , tout homme qui parle en son nom
est un imposteur ou un visionnaire , et
qu'enfin le seul moyen de lui plaire si elle
est sensible , et en même temps d'être heureux dans ce monde autant que cela se
peut, c'est d'être juste et bon , c'est-à-dire,
raisonnable , ce à quoi il faut donc se dis-
poser par tous les moyens possibles , et d'a-
bord , en ne laissant pas courber sa raison
sous le joug des absurdités les plus mani-
festes. Voilà pourquoi il a été très-utile d'en
bien éclaircir l'histoire et la génération.

F I N.

TABLE

DES CHAPITRES.

Fin de la Table.

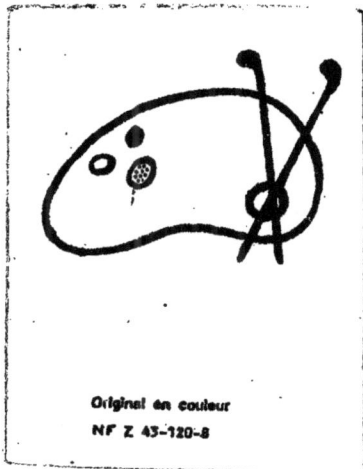

Original en couleur
NF Z 43-120-8

www.ingramcontent.com/pod-product-compliance
Lightning Source LLC
Chambersburg PA
CBHW071940090426
42740CB00011B/1764